一切的力量都蘊藏在你的意志之中！

魔法
教科書

All wishes come true !
Kagami Ryuji's Textbook of Magic

鏡龍司 ——— 作者

Claudia 葉雅婷 ——— 譯

序
你也擁有以魔法
展現「奇蹟」的力量

　　試著回想我們小時候，每當跌倒膝蓋摔破皮，身邊
必定有人輕聲細語安撫我們。「乖～乖～沒事了。你看
痛痛飛走囉！」

　　如果這個人的安撫小咒語能讓幼小的你感到不再疼
痛，那麼這便是美好的魔法體驗。我想人類最初的「魔
法」必定是在這種情形下發展出來。

　　人類與動物不同，能明確區分自己與他人的不同，
擁有一種形式特別的「意志」。若巧妙運用意志就能改
變自己、周遭環境，甚至是未來。

　　雖然動物也會為了保護自己或下一代做出行動，但
絕大部分都是基於本能而為。像人類這般謹慎挑選措詞
許願、為了五年後的發展進行自我鍛鍊的行為，在動物
身上是看不見的。以明確「意志」展開行動，試圖引發
改變的行為，讓人類成為獨一無二的動物。

　　「魔法」一詞的定義多元，學術上並沒有一致的定
義。若要舉例可引用當代著名巫師Aleister Crowley與

Dion Fortune所說：「魔法」是「基於意志引起變化之術法」。

　　以這個定義來看，凡例寄電子郵件、寫書、準備考試也都算是一種魔法。

　　沒錯，因為你的行動而產生的小小奇蹟也能稱為魔法。各種行為的累積逐步發展成現今的科學、技術，展現出更巨大的影響力。

　　不過，本書所介紹的「魔法」是比這些更加細緻且微小的東西。是無法用科學達成，借助古人所感受的自然連結與靈力來行使的魔法。

　　在魔法的視野中，世上萬物都由有一定規則的經緯線所串聯。去感受經緯的脈絡，展開行動而引起的神祕巧合，是對魔法最基礎的認識。我想以這本書引領各位暸解人類自古感受到的魔法。

　　歡迎來到讓人著迷的魔法世界。

Ryuji Kagami

CONTENTS

第 4 章 提升魔力！向「神聖存在」祈禱 ⋯ 152

第**1**章

成為巫師的基礎知識

實現你願望的魔法
確實存在這世界上

　　包括《哈利波特》裡的學生、《亞瑟王》裡的梅林、日本卡通《甜蜜小天使》的莎莉以及《魔女宅急便》的琪琪等，全世界的童話與電影中有許許多多的巫師與女巫登場。

　　不管是飛行或憑空變出東西，神奇的行動一直吸引著我們的目光。

　　如果我說：「其實你也會使用魔法」，想必會讓人大吃一驚吧。其實願意翻開本書的你已經具備這種素質，通過了第一關。

　　你也許會認為「巫師這種名稱只會在童話故事出現吧」，但其實，自古以來世上確實存在被稱作「巫師」的人。

　　首先「魔法」究竟是什麼，以及它是如何運作才能產生奇蹟，我來為大家簡單說明什麼是魔法。

其實大家都用過！
「魔法」究竟是什麼？

序文中已經提過所謂的魔法即是「基於意志引起變化之術法」，是由當代的巫師所下的定義。

不過這樣的定義過於廣泛，讓人很難想像魔法到底是什麼。我相信必定很多人認為這樣的定義根本無法區分魔法與科學。

實際回顧歷史，發現16世紀到17世紀之間魔法與科學並沒有太多的區別。被尊稱為天文之父的伽利略・伽利萊（Galileo Galilei）與約翰尼斯・克卜勒（Johannes Kepler）也是偉大的占星師，知名物理學者艾薩克・牛頓（Isaac Newton）則認真看待鍊金術的研究。一般歷史上被稱為「科學名人」的大師也曾從事魔法研究。

但隨著時代變遷，近代科學與魔法逐漸分家，至今明確被區別開來。

撰寫《2001太空漫遊》、《童年末日》等數部知名科幻小說的亞瑟・克拉克曾說過：「太先進的科學技術往往無法與魔法作區別」。這句話的前提便是建立在「科學與魔法理所當然是兩個領域」的前提之下才成立。

事實上科學與魔法完全不同。簡單地說因科學技術所

引起的「變化」無論「何時、何人以任何心情都能無限的重現」，而魔法所引起的「變化」則是「何時、何人以何種心情去做」都會形成巨大的效果落差。

舉例來說，試想房間電燈的開關。

按「開」房間就會亮，按「關」變暗是理所當然的現象。無論何人按開關，何時用任何心情去操作燈泡都會亮。若不亮肯定是燈泡壞掉或電路故障。

但是「痛痛飛走囉」這類魔法的運作卻不是這樣。

唸這個咒語的人到底怎麼對待你？只是想轉移你的注意力還是假裝親切？何時？在什麼情況下？用什麼口吻告訴你？所造成的效果都完全不同。而這句話是由你所喜歡的人或討厭的人說出來，結局也將不同。

咦？只是單純「心情」的問題？

正是如此。就是「心情」的問題。如果把「心情」換成古代的說法會是什麼呢？

它會被稱作「靈」。所謂「靈」原本是指一種「能量」，是物質世界與精神世界的連結，也是特別的媒介。靈遍布在宇宙與人類之間，浸透在自然中，與人的想像力、意志力和情緒發生作用，也給大自然帶來影響。

這裡所謂的「靈」，正如文字所示在古代被認為是精靈或神靈，一方面被認為是回應人類願望的存在，另一方

面也是現今科學中的電氣與重力，這類接近物質的存在。

　　無論如何，人類的「意念」便是透過靈來與外在世界作連結與浸透，這些外部的東西包括星辰、花朵、樹木甚至是人類本身的所有物質。

精靈、星辰、植物、語言、數學……
巫師也有「派別」！

　　若把「痛痛飛走囉」看作魔法之源的話，每個人都會使用魔法。我本身也相信這樣的論點。人類誕生到這個世界時，每個人本來就會有不同的能量特質，使用不同形式的魔法。

　　然而隨著人類文明發展，社會日益複雜化，開始有了「分工」，統御國家的人為「王」，而沒有稱位者為「民」，被視作財產的人為奴，或是軍人、農人等各種職業。

　　其中還產生了一批特別會運用魔法的人，若要用職業術語來稱呼即是「靈能者」，換言之，所謂巫師就此誕生。

　　「薩滿」被認定為最早的魔法形態。這個名稱分類源自對西伯利亞地方薩滿族巫師的研究，巫師們被視為能讓靈魂脫離肉身，翱翔於異界，引起各種神奇事跡之人。由於這種魔法形態並不局限在西伯利亞，全世界皆可見，因

此又被稱為「薩滿教」，人們便稱這些魔法使用者為「薩滿」。是否覺得很耳熟呢？依據研究表示，這群薩滿之中不全是使用靈魂脫體術，另一種類型的薩滿能藉由「降神術」以神明或靈體附身來傳達訊息。

　　無論哪種都是人類使用魔法與靈界直接交流的形態。有時候動物也會被視為神靈，動物魔法的章節中就收錄這個形式。

　　另一派的人藉由星辰移動來理解神的意志。他們觀測天體動態，發掘宇宙法則，試圖運用星星的能量。如巴比倫的天文祭司和日本陰陽師就屬於這個類別。

　　此外，也存在一派人透過植物能量施展法術和醫治疾病。古代凱爾特的「德魯尹」代表「橡樹的智者」，他們能進入自然之中傾聽樹木的話語。

　　還有一部分的人則通曉礦物世界的祕密，最具代表性的便是鍊金術士。外界只看到他們把鉛變成黃金，而這不過是肉眼所見的成果，他們真正追求的是透過隱藏於礦物世界的奧祕提升自身修為。

　　再來，將語言與數字作為施法媒介，猶太密教中的「卡巴拉」便是一例。透過將聖經和其他典集作「不同詮

釋」，截取宇宙奧妙引起各種奇蹟。在卡巴拉魔法中文字與數字扮演著重要的角色。

最後，我們經常可看到童話故事的女巫或巫師使用魔杖和鏡子，像這樣的「道具」也有許多不同的意義與功能，是操作魔法重要的工具。

「想像力」與「意志」為魔法之源

魔法的世界有著多樣的面貌，要統合成一種是絕對不可能的事。

若要歸納出各個派別的共通點，有個無法忽略的要素。誠如前述，我相信「這個世界看得見的東西與看不見的東西彼此串聯在一起」在這個大前提下，只要試著操作這個「連結」就能在現實世界中產生效果和一定的影響。串聯這個世界中肉眼無法看到的東西便是「靈」。靈與我們的生命力或是「情緒」有著深層的連動，它與「想像力」發生強烈反應，形成能量波動。

單純的想像力並不足以驅動宇宙的靈力，而是運用「意志」產生明確方向。借用巫師的說法就是「以想像力喚起能量，以意志力形塑方向」。

這種情況下會運用各種象徵物品作為輔助。本書的收錄項目或是自古巫師所使用的行星、藥草、食物、動物、數字和咒語都能看作這類的象徵物。

不同的象徵物有激發特定影像、情感及想像力的不同效果。舉例而言，紅色、鐵、牡羊座、火星、數字9、狼、持劍的天使和火焰都能喚起「熱情」、「燃燒般的鬥志」。所以當巫師希望在競爭中得勝，便會選擇星期二用九根紅色的蠟燭，刻上狼的圖像，點燃後向持劍的天使祈禱。一邊祈求一邊作鮮明的想像。

當我們感覺願望會達成，天使和狼翱翔在天空中的影像猶如歷歷在目那般真實，儀式的魔法便能成功的顯化。不過即便不用做到這麼複雜，選用本書介紹的魔法物件，啟動想像力，一樣也能達到意想不到的效果。

願望是怎麼達成的？
魔法所產生的小「巧合」

希望大家不要誤會。前述的魔法並非如科學或是某種技術那樣絕對。例如，使用了戀愛魔法隔週你喜歡的對象馬上就會寄情書過來。或是用了變聰明的魔法考試就會及格。

⋯⋯以上這些都是不可能發生的事。魔法能做的事大體而言是帶來一些小巧合。

而且魔法的效果多半是由自己引發,換而言之,魔法讓你對所祈求的目標產生更強烈的渴望。

假設打從心底「想談戀愛」的你使用了招桃花的魔法。你會因為這個魔法的關係感覺戀愛女神在你的身邊,比過往更容易感受到戀愛的悸動。也會對身邊的異性更加感興趣。

隨著照鏡子的時間變長、更熱衷於聊天,甚至改變髮型,自然而然喜歡的人跟你攀談的機會就會變高,最終談戀愛的可能性就增加了。或是突然有一天跟某人得到兩人獨處的機會。這些才是本書所談的魔法。

許願之前⋯
唯一要遵守的法則

雖然跟前面所說的內容有點矛盾,但有時候魔法帶來的效果強大到超出我們的預期,而且還往負面的方向發展,變成一種「詛咒」。實際上真正的巫師之間並沒有區分所謂的「黑魔法」與「白魔法」。

因為不論是哪種魔法都有善的使用方式與惡的使用方

式。當然，詛咒與黑魔法絕不能被允許。因為魔法世界的基礎常識是「所有的能量都連結在一起」。若施了傷害某人的魔法，百轉千迴最終都會返還到自己身上。

只要是巫師都瞭解這件事，聰明的巫師絕對不會施行詛咒。不過有時也會出現這些狀況：

像是因為「想和〇〇〇成為情人」而施作了強大的魔法，卻發現對方其實有戀愛對象或已婚。但事前你卻不知道這件事。魔法若達成你的願望，勢必是在你沒有預期的情況下傷害了他人。如此一來是否就變成黑魔法了呢？這種情況來說詛咒與白魔法有時變得難以區別。

為了避免這種情形產生，在唸咒語時有個方法推薦給大家。施行魔法或咒語的時候可以加入以下的祈願方式。

「希望〇〇〇能達成，誠如所願。

一切的一切都會讓世界（也可換成宇宙、自然、神靈）變好。」

「順著這世界的能量流動，我希望……。」

不要單純局限在個人「意願」的圈圈裡，而是將願望的格局擴大到世界能量的流動當中。這是種非常重要的技巧。

請記住這點，接下來，讓我們進入充滿魔法的神祕世界吧。

向前人學習很重要！

有巫師出現的作品

★《奧德賽》 作者／荷馬（希臘）
女巫瑟西

其實巫師在「現實世界」裡也確實存在。在倫敦的街頭至少有二家以上真正巫師經營的魔法書店，在那裡巫師們和相關人士穿梭其中。然而現實世界的巫師們所施的魔法，遠不及故事中的奇幻。故事裡的巫師形象遠遠華麗許多。

例如希臘神話中著名的魔法使用者就是女巫瑟西。住在魔法島嶼的美麗女巫瑟西將奧德修斯屬下二十二個強壯的男人變成豬。唯獨奧德修斯本人因赫密士授予的魔法藥草而倖免於難。作品中瑟西的形象帶給後世其他作品很大的影響。

★《亞瑟王之死》 作者／湯馬斯·馬羅里（美國）
巫師梅林

若說瑟西是女巫的原型，那麼《亞瑟王之死》中的梅林便是男性巫師的原型。而梅林同時也是經典的「智者類型巫師」。

妖魔與人類的子嗣——梅林出生就擁有超越常人的力量，因為受洗而免於墮入魔道。他施法讓巨石騰空移動創造出巨石陣，並做出各種未來的預言。特別是教育、輔佐亞瑟王的傳說，留下梅林明瞭世事「智者型巫師」的形象，繼而成為後世作品的靈感來源，如《魔戒》中偉大的巫師甘道夫以及《哈利波特》系列的鄧不利多校長。

我們先來看看有哪些「巫師」前輩曾經活躍在這世界上，
如何令人喜愛…。
這裡挑選幾部有名的作品來介紹。
非常推薦各位閱讀原作。

《浮士德》 作者／歌德（德國）
浮士德博士

巫師梅林的超自然魔力屬於與生俱來的天賦。另一種將人類的理性知識發揮到極限，而獲得魔法之力的巫師則在另一部作品出現。

最具代表性的正是中世紀傳說中登場的人物，大文豪歌德筆下不朽的存在——浮士德。浮士德精通所有學問之後，仍覺得匱乏，最終與惡魔締結契約以獲得更高層次的滿足。浮士德本身是個巫師，換個角度來看，他的角色也在嘲諷無窮無盡追求科學與技術的近代人。

盲從知識與理性，最終向惡魔伸手的貪慾形成強大的力量也相當危險。

《哈利波特》系列 作者 J·K·羅琳（英國）
哈利波特

說到現代最具代表性的作品便是哈利波特。哈利出生不久就遭受邪惡且強大的巫師攻擊，僥倖生存下來被帶到麻瓜的世界養育，過著不受愛顧的生活。

爾後進入魔法學校霍格華茲，結交好友逐漸長大，最終與惡勢力對決。故事獲得熱烈好評，產生許許多多的「波特迷」。一部分年齡層的人對哈利有朋友一般的認同感。哈利波特故事最棒的地方在於，巫師也須與朋友共同成長，遇到困難攜手互助。而身為麻瓜的我們更需要在這個稱為社會的學校裡尋求好的「魔法」（生活方式），共同成長不是嗎？

第 2 章

超簡單！個人魔法的創作法則

自由自在
編織出自己的魔法！

到了這章終於要向大家介紹日常生活中各種魔法的使用方法。不用擔心，不用想得太難。

只要「查好哪個物件可達成你的願望，並把它帶進生活中使用」，就那麼簡單。

只要把食材和香料用在料理中、花朵和礦物擺在身邊、拿筆寫下行星與星座的符號、進行某種動作、前往某個地點就可以了。例如與意中人一同吃晚餐，選擇帶來愛情的「番茄料理」。偷偷在辦公室擺上能緩和嚴肅氣氛的土耳其桔梗，這類的小行動即可。

這時候若能加上色彩的力量、留意數字、謹慎挑選時間，將各種魔法元素「搭配」在一起，魔力會愈發強大。與意中人的晚餐時間選在愛情能量最強的星期五，自己再穿上粉紅色的衣服，如此一來便是完美的愛情魔法。

若是高階的學習者，還可向神祇或天使這類肉眼看不見的神聖存在許願。擅用你的直覺與靈感來孕育美好的魔法吧。

①使用道具

　　首先我們從最簡單的方法開始。找到能實現你願望的物件吧。

　　可以從「祈願類別INDEX（P188）」查閱，如果肚子餓就看「食物魔法」，想出門就從「地點魔法」找目的地。在「花卉魔法」裡查到想要的花，再上花店購買也是一種方法。

　　全神貫注將願望注入所使用的物件，靈力和「能量」就會附著上去，讓願望達成的能量就會開始運作。

例 1
施法後
慢慢顯化的禮物！

≫

食用具有太陽之力的「向日葵（P040）」種子，再觀察內在的變化。體內將升起一股力量，讓你展現出不可思議的自信。

例 2
想更受異性歡迎！
變得更有魅力！

≫

使用增強戀愛運的「牡蠣（P057）」和「橄欖油（P057）」製作西班牙油煎牡蠣（al ajillo），再加入「香菇（P057）」就更棒了。

例 3
該送什麼禮物給
各分東西的朋友？

≫

送一顆能孕育友誼的「風信子（P41）」球根吧。再用「酒紅色（P109）」的筆寫小卡片附在上面。

例 4
最近不知為何
運氣有點差…

≫

具有淨化力量的「黑胡椒（P50）」用研磨器磨碎，注入「毀壞（P141）」的力量，切斷負面能量流。

②編寫魔法

接下來是給中級以上的學習者。你可以找出各種與願望相關的物件，將它們妥善組合創作出更強力的魔法。特別是顏色、數字、時間能隨易搭配，並且將如恩文刻在物件上，就能輕鬆完成這個魔法。

接下來為了提升能量層次，可借助「神聖存在」的力量，呼喚神祇或天使的「名字」就是很好的咒語。「偉大的〇〇（名稱），請借助我您的力量。」試著呼請看看，必定能得到另一個層次的能量。

例1

得到所愛之人的心…

試試魔法中有強力效果的「烹飪（P139）」，其中用「攪拌（P140）」的方式注入意志製作漢堡排。添加象徵愛的香料「小茴香（P051）」「肉豆蔻（P053）」作調味，最後在漢堡排的表面刻上如恩文「吉福（P156）」再拿去煎。讓意中人「吃（P140）」這道菜，他就會愛上你。

例2

希望工作有好的結果

新的企劃案開始前，準備一枝新的「筆（P135）」。筆是智慧女神「雅典娜（P169）」的相關物件。向女神「祈禱（P139）」：「偉大的智慧女神雅典娜，請賜福這枝筆吧。」同時用筆畫「五芒星（P118）」符號。當筆被女神灌滿能量，將會為工作帶來理想的成果。

③解釋徵兆

當你使用的魔法物件開始推動願望實現之際，會用一些方式讓你知道，並突然讓你看到一些事情，也就是人們所說的徵兆或暗示。

當你最近常注意到某樣東西，試著查看它是否有特別的涵義。例如「最近不知為何常遇到穿紅色衣服的人」，那麼「遇到競爭（＝紅色）的可能性很高」。若常遇到「名字中有『熊』字的人」查查看「熊」那一頁的暗示。

不經意盤子就破了

❯❯

「盤子（P132）」代表物質運勢。盤子不經意地自己「打破（P141）」暗示轉運，未來會變得順遂。

別人送你手帕！

❯❯

「手帕（P135）」是象徵友情的物件。若是「黃色（P109）」的手帕則代表對方希望跟你進一步做朋友。

捷運轉錯車

❯❯

「捷運（P151）」是種代表人生方向的交通工具，不自覺搭錯車代表對人生方向的質疑。請重新思考近期目標。

例4

近期一直遇到「魔羯座」的人

❯❯

你最近可能需要「魔羯座（P094）」的能量，看看對方有沒有值得學習的地方。

施法時須留心的
四大法則

★ 願望不要包山包海

欲望會鼓惑人心，即使有許多想要達成的願望也不要一次許太多個。一口氣許下感情、工作、金錢……等各種願望只會造成混亂。無法一一貫注意志的話，根本無法發揮力量。不要太貪心，先專注在單一願望上。

★ 「意志」明確不搖擺

單純只把每一項魔法材料「加在一起」並沒有任何意義，這樣就能發揮作用的話，這世界早就因為各種魔法物件的作用而大亂。你必須明確意識到自己是「為了實現願望才做這些動作」，知道自己在做什麼是顯化關鍵。

★ 對魔法抱持謙卑態度

當願望成真時，千萬別視為「理所當然」或抱著「可以給我更多就好了」的心態。願望的實現背後往往有千千萬萬你看不見的力量協助，對祂們表示感激與敬意，才能與「魔法的世界」保持良好的關係。

★ 不詛咒傷害他人

詛咒他人或傷害他人的魔法叫黑魔法。不少故事裡都能看到施行邪惡魔法的巫師最終得到報應和反噬。以負面意念所施展的魔法總有一天會反撲到自己身上，是不變的鐵則。施魔法時秉持「善念」很重要。

第3章

日常的
魔法物件字典

回顧你的身邊
隨處都充滿了「魔法」！

本章開始介紹各式能使用於魔法儀式上的「材料」。

花卉、食物、動物、星座、數字、顏色等日常生活的各種物件⋯⋯其實都具有各種不同的魔法能量在其中。

例如看到鬱金香會覺得有精神，或是疲累的時候不自覺點了茉莉花茶。這些都是因為古代魔法的世界裡鬱金香是「激發行動力的花」，而茉莉花則有「安撫人心的力量」。其實在日常生活中，我們就能無意識地感受到「潛藏在事物中的能量」。

將感覺提升到意識層次，依願望類型挑選適合的物件，是本書所傳達的魔法基本功。

如果馬上就想知道願望需要什麼物件，請翻到「祈願類別INDEX（P188）」直接看最有感覺最適合的物件就好。

或者你也可以依順序閱讀，一一認識日常生活物件潛藏的魔法能量。

這些正是成為巫師的「修行」。隨著知識的增加自然而然能將魔法導入日常生活之中，好比「今天是工作成敗的關鍵日，穿紅色衣服好了」、「想加深與意中人的關係，吃雞肉比豬肉好」等等。

The Magic of Planets

行星魔法

【使用範例】

✳ 觀想行星本身

✳ 書寫行星符號

✳ 使用行星代表物件

理解與運用星辰的力量
是成為「巫師」的基本功

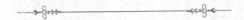

赫密士主義是西洋魔法的基石，其中一句格言是：

「As Above, So Below.」

意思就是「如其在上，如其在下」。

也就是說天上的天界與地上的人間界同步的意思。

其中最重要的就是行星。

占星中常用的十大行星分別代表不同的「欲望」。

太陽代表「自我表現」的欲望。

水星代表「求知與學習」的欲望。

金星代表「被愛」的欲望。

當這些星星來到特定的相位

將會刺激欲望，而引起某些事情發生。

行星還能對應顏色、數字、聲音、食物等地上的所有事物。

當心中願望浮現，試著思考該向哪顆行星借力。

先決定一顆行星，再選擇行星相關的物件。

太陽

給予無可動搖的自信

守護地球，為萬物帶來生機的太陽是生命的象徵。

歐洲自古以來如結婚等喜慶儀式多半會在太陽當空的大晴天舉行，正是因為太陽帶來喜悅與繁榮。

占星術中，太陽代表「自我」。人生中難免有時會自我質疑，不知道要做什麼工作，該往哪個方向走。這種時候可借助太陽之力去除不安與迷惘，照亮一條明確的道路。

由於太陽是太陽系的中心，也是持續發光發熱的唯一存在。希望像太陽一般堅定不動搖，自信地展現自我的話，可以使用具備太陽之力的物件。

祈願　生活模式、幸運

太陽可達成的願望

變得正面積極

太陽擁有淨化負能量的強烈力量。最近感到思緒紛亂，可能是太少曬太陽的原故。為了經常保持正向，應該養成每天做日光浴的習慣。

展現自我主張

無論站在何處仰望天際，太陽一直那麼耀眼。太陽是世上萬物最具存在感的，希望自己比誰都耀眼奪目，試著觀想陽光貫注自己的樣子。

抱持自信

太陽帶給你做自己的信心，被別人否定也能相信自己，堅持下去。常感到自卑「我辦不到……」或容易自信喪失，可將太陽的象徵物佩戴在身上。

找回熱情

認真想做某件事的時候可向太陽借力，試試反覆吟唱咒語：「太陽神阿波羅啊！請幫助我」。當你熱力四射全力衝刺，周遭的評價也會跟著上升。向心儀對象告白前也可以使用。

月亮

具備月光之力的物件
→
銀、百合、珍珠、高麗菜等

坦率流露的情感

　　承接太陽光，寧靜閃耀的月亮在占星術中代表「情緒」。

　　人長得愈大愈容易壓抑情緒，很多情況即使想說：「NO」，卻回答：「YES」。一直這樣下去，你的情感表達就會慢慢僵固，對任何事物都失去感動，看到有困難的人也不再出手相助，最終成為「冷漠的人」。

　　若經常覺得「不想被別人看到自己的真實面貌」、「好寂寞」，那麼你需要借助月亮的力量。使用月亮魔法讓你誠實表達自己的情感，也能在身邊建立溫暖的人際交流。

　　此外月亮又與「家庭」有深層連結，所以運用月亮之力能帶來與自然界以及家庭間的和諧。

祈願 生活模式、人際

月亮可達成的願望

提升同理心

月亮能提高對他人的同理心。察覺自己無法同理他人時，試著觀想心中的月光之力，便能打從心底流露出真誠情感，溫柔地待人接物。

療癒創傷

月亮能喚醒深層的記憶。當日子忙得讓你感到快失去自己時，眺望月亮吧。祂能喚起遙遠的回憶，讓你明瞭什麼才是最重要的。當你苦於過去的傷痛也能試試這個方法。

建立能量屏障

容易受到外在負面情緒侵擾，變得不安或躁動的人，可以試著觀想銀白色的月光之力籠罩自己。月亮將化為能量屏障守護敏感的心。

提升運勢

當月亮逐漸變圓，此時的能量暗示著誕生、成長、重返土地與生命循環。若覺得「最近運氣不太好」，每天抬頭看看月亮，去感受循環並隨著這個韻律生活。

水星

支持所有知性活動

移動快速的水星在占星術中代表「知性」。

因為「有趣」而被吸引，進而開始找資料、學習，再將學到的東西傳播出去……這些知性活動全歸水星所管轄。

因此所有與工作、讀書相關的願望都能借助水星之力。

「最近好無聊」、「腦袋遲鈍」、「無法把想講的事表達出來」、「表達不到位常造成誤會」，若常有這種煩惱代表你必須提升體內水星的能量。

水星之神赫密士腳上的靴子長有一雙翅膀，能在天界、人界與冥界自由穿梭。只要借助水星之力便能打破藩籬，和任何人都能順利溝通。

祈願 讀書與工作、人際

水星可達成的願望

提高謀略能力

像玩撲克牌時能靠察言觀色掌握局勢，水星能提升這種謀略力。不管在工作或愛情上的謀略都可以向水星祈願，請祂助你一臂之力。

改變人生

每天生活一成不變，或覺得「好無聊」，可以小聲呼喚：「墨丘利、墨丘利」。此時水星會揚起「改變」的風，讓有趣的事造訪你的生活。

事物順利進展

課業或工作進展不順利，交通工具延誤，搭錯車時可以在半空中畫上水星的符號。水星是顆讓速度變快的行星，讓所有事物都能上軌道順利運行。

提升社交能力

水星能讓溝通能力變好。怕生的人務必在參加派對或去不熟的地方時戴著薄荷綠色的物品，如此一來溝通會變得順利，並給人好的印象。

金星

女神的微笑喚醒戀愛之力

金星是落日時分西方格外閃耀的一顆星。自古金星被看作維納斯女神般崇拜。

在占星術裡與「戀愛」有深厚的關聯性。金星擁有讓人陷入戀愛或帶來悸動的力量。如果你一直沒有戀愛運，或者不光是感情，人生整體完全沒有「感動」的時候，就需要借助金星的力量。

金星和「美」的事物有關，能喚醒因見到美麗事物所激起的愉悅和喜樂，更能讓人變美。

金星還擁有另外一個管轄範圍，就是「金錢」。若缺錢或對未來的生活感到不安，可能是金星能量不足的緣故。用金星的魔法取回人生的喜樂吧。

祈願 金錢、戀愛、美麗與健康

金星可達成的願望

帶來雍容的氣質

只要在房間插一朵花就能為四周帶來明亮的氛圍，而金星所帶來的能量就如同花朵般雍容。若想讓自己擁有這樣的美，每天插一朵花，並呼喚女神：「維納斯女神啊，請賜與我力量。」

提升魅力

買衣服或化妝品時，遇到猶豫不決的時候，用手指在掌心畫上「♀」符號再作選擇，就能選到更具魅力的商品。去美髮沙龍前也可以試試。

獲得豐盛

若對金錢問題焦慮不安，直接祈請金星才是快速解決之道。向清晨最亮的星星（清晨在東方的金星）或黃昏最亮的星星（黃昏在西方的金星）祈願：「請帶給我豐盛。」

感受悸動

金星能喚醒心跳的感覺。當你忘記怎麼談戀愛或與情人的關係陷入一成不變，每天穿戴一點粉紅色的東西在身上，必定能讓心跳的感覺再次造訪。

火星

點燃鬥志的紅色行星

如熱炎般放出紅色火光的火星自古在占星術中象徵「鬥爭」、「攻擊」、「憤怒」。

一生中免不了與人「競爭」，為了獲得更好的成績必須與對手較量，面對沒道理的事必須反擊，或是為了保護重要的人挺身而戰。

火星之力衰弱的時候，遇到重要的場合使不出力，對比較強的人言聽計從，想要的東西就在眼前也輕言放棄。由於火星也掌管肉體，也會為身體健康煩惱。

為了勇敢開創人生，得到想要的東西，我們必須擅用火星的能量。

祈願 美麗與健康、競爭

火星可達成的願望

取得勝利

火星能激發鬥志，使其如烈火般熊熊燃燒。在工作或是運動比賽非贏不可的時候，閉上眼睛觀想火星發出赤紅色的光芒，就能激發出不可置信的力量漂亮得勝。

增強耐力

火星能增強肉體與精神面的耐受力。身體狀態不好或覺得「沒救了」，精神委靡時，使用有火星能量的物件，就能感受到能量流入體內。

開拓未知的領域

涉足未知的領域，挑戰一份壓力很大的工作或是遇到令人卻步的事，在心中描繪出持劍天使的樣子，火星之神會成為你強而有力的支柱。

守護重要的東西

為了守護家人、情人、朋友，或個人尊嚴不得不展現出強硬態度。這時在掌心畫上「♂」符號再挑戰，你就能無所畏懼地表達立場。

② 木星

實現願望的奇蹟之星

　　木星是太陽系中最大的行星。占星術認為祂能帶來「擴張與發展」，所謂「十二年一次的幸運」是指木星回歸到自己所屬的星座。

　　實際上木星能擴大你存在的重要性，給予各種機會。最有感覺的顯化形式像金錢、名聲的提升，或遇到伴侶，也就是帶來結婚機會。

　　無論如何若覺得自己正處在一個黑暗的房間裡或對人生感到悲觀，都是木星能量不足的證明。施展木星魔法會讓人察覺原來世界那麼大，有許多有趣的事物在等著自己，讓人感覺「活著真是太好了」。

祈願　結婚、幸運

木星可達成的願望

描繪夢想藍圖

找不到想做的事情，人生看不到未來是體內木星之力衰弱的典型反應。這種時候在網路下載木星的圖片，每天看一下，腦袋裡就會慢慢浮現出未來的人生藍圖。

精神的成長

掌管「擴張」的木星會借力給想要成長的人。想學某些東西時向木星祈禱：「木星之神宙斯啊，請您引導我。」就能遇上絕佳的學習機會、好的老師或書籍。

牽起異國緣分

木星能帶領你前往更廣闊的世界，因此與所有外國事物有關。想出國時可借助木星的能量，在藍色的紙上寫上「의」符號，夾在常用的記事本裡，機會將更容易造訪。

獲得機會

希望獲得機會就向木星象徵的顏色——藍色借力吧。到戶外站在天空下，想像自己將「宇宙的藍色空氣」吸入體內。觀想體內所有負面能被排出，重新被藍能量填滿。

土星 ♄

超越極限的試煉

　　由於土星在古代曾是最外側的行星，為此占星術中有「限制」的意思。雖然有負面涵義，但「限縮」過度發展的事物是維持宇宙平衡不可欠缺的要素。

　　生活有時會以「試煉」的形式造訪我們，儘管體會到「瓶頸」相當痛苦，但為了更上層樓，試煉是必要的階段。

　　土星之神克洛諾斯是時間之神。祂不會讓人輕鬆愉快，而是痛苦忍耐持續做某些事。忍耐的最後將帶來相應的報酬，換而言之，土星是顆保證「具體成果」的行星。再怎麼努力也得不到回報的人，試試土星的力量吧。

祈願 生活模式、讀書與工作

土星能達成的願望

獲得暫停的機會

土星能為進展太快的事按下「暫停鍵」。快被外在的訊息衝走，忙到快失去自我時，觀想身體四周套上「土星之環」，就能讓壞的能量流停下來，帶來思考的時間。

接納自己

土星授予人們接納內心糾結的力量。當你陷入自我厭惡，花一天的時間不跟任何人說話。「沉默的時間」是土星的象徵。事後心境就能轉為自我肯定。

拒絕的勇氣

工作很忙又被交付其他工作，受邀參加沒興趣的聚會，雖然「想拒絕」最後還是答應的爛好人很需要土星的力量。在桌上放一張寫有「♄」符號的紙，給你拒絕的勇氣。

累積扎實的成果

渴望得到事業成功，土星之力是不可欠缺的元素，因為「永不放棄」是成功的不二法門。在辦公桌擺上象徵土星之神的沙漏，能讓努力的成果一點一滴確實累積下來。

天王星

帶來人生的變革

從封建社會揭開民主主義時代來臨的序幕，天王星在法國大革命前夕被發現，被稱為「革命之星」。

占星中象徵打破舊體制和既定概念，產生新事物的力量。例如網路的存在是早些年無法想像的，正因為部分人有了創新概念後，得以開啟未來生活。

天王星擁有「超脫所有框架」的力量。國家的框架、組織的框架、個人的框架，以及思考的框架。仔細想想人一直活在許多框架之中。在舒適圈中無法獲得某些東西，天王星能打破舒適圈。

如果你渴望「嶄新的事物」，請試試天王星魔法。

祈願 生活模式、讀書與工作

天王星可達成的願望

獲得嶄新的觀點

天王星與其他行星不同，有橫向的自轉軸，祂引導我們「用不同的角度看事物」。想像自己變成天王星的樣子，必定能帶來與他人不同的觀點，讓人另眼相待。

邁向新階段

當人生面臨瓶頸，或正在摸索新的可能性時，天王星會為你找到破口。用螢光筆在紙上寫「♅」符號夾進記事本吧。引導你進入新階段的好機會將會降臨。

走自己的路

太在意他人眼光，不自覺就附和群眾的人試著呼喚：「烏拉諾斯、烏拉諾斯……。」你會獲得天王星的反骨精神，不隨波逐流，貫徹個人意志。

靈光乍現

去看看天王星的照片吧。那美麗亮藍色的行星能激發觀者的感性。思考停頓卻需要新靈感的時候看著天王星，將獲得絕佳的點子。

海王星

沉浸在愛與夢的世界

海王星就像祂的名字一樣，是顆與海有深層關聯，神祕而美麗的藍色行星。

占星術中有「夢」與「迷醉」的意思。若說天王星是超越框架，海王星就是「溶化」框架。祂掌管著一個迷幻世界，無論是自己與他人、意識與無意識、夢與現實、過去與未來，所有事物全都融為一體。

其實在現實生活中也能體驗到這種感覺。像喝酒的時候，受到藝術品感動的時候，或跟某人心意相通的那種澎湃快感，都會化為「淚水」傾瀉而出。

如果覺得生命中少了這種體驗，汲取海王星的能量吧。靈性體驗也是海王星管轄的範圍，能透過夢帶來訊息，或是增加不可思議的直覺力。

祈願 生活模式、戀愛

海王星能達成的願望

啟動直覺

海王星與海洋有很深的關聯。因此在洗澡水加入鹽悠閒地享受泡澡能大大提升直覺。「就是這個！」直覺變得敏銳，讓你在任何情況下都能以直覺做出正確的決定。

浪漫

海王星能喚醒沉迷與陶醉的感覺。因此在約會前一天將代表海王星之神的葡萄酒倒入玻璃杯供奉在窗口，就能帶來如夢似幻的約會時光。

開發藝術天分

所有藝術都在海王星的管轄範圍。無論從事繪畫、音樂演奏、故事創作，開始前先與海王星連結，必定能創造出能感動人心的優秀作品。

忘卻一切

海王星擁有「忘卻」的力量。當日常雜事和傷心回憶不斷在腦袋打轉無法停止，飲用一點具備海王星力量的酒，能讓一切煩惱拋諸腦後，好好睡一覺。

冥王星

宣告終結、邁向重生

冥王星是太陽系最末端的遙遠行星，其名來自冥界（死亡的世界）之王布魯托。占星術掌控「死亡」，同時也是暗示其後的「新生」。因此渴望重生想做點什麼的人，冥王星能為你帶來力量。

另外冥王星也代表深入某一個領域，因此熱衷於某種嗜好、瘋狂愛上某人，以及與情人合為一體的性愛，也都在冥王星的管轄範圍。透過冥王星的能量，能讓人從核心完全蛻變。

如果找不到興趣和方向，或想改變自己的人可以借助冥王星的力量。只是你需要小心這種能量是帖「猛藥」，會帶來巨大的改變，使用上須謹慎。

祈願 生活模式、戀愛

冥王星可達成的願望

終結

有想切斷的人際關係，想結束的工作，可以偷偷寫一張有冥王星「♇」符號的紙在身邊。能自然斷除你身邊無用的事物，同時開始一些新的可能性。

觸碰核心

冥王星能牽引出潛藏於體內深處的能量，包括不想承認的真正想法等等。睡前想像自己走進地下世界的樣子。在夢中你會獲得答案。

接受死亡

面對親近的人或寵物死亡，冥王星能安撫傷痛。試著凝視冥王星的照片回憶亡者，你能實際體會到死亡不是終點，安然接受所發生的一切。

獲得永恆的愛

冥王星能給你鍥而不捨的絕對專注力，若將這股能量指向某個人，會形成「至死不渝的專一愛情」。若希望遇見讓自己不顧一切的愛情，你可以向冥王星禱告。

The Magic
of
Flowers

❧花卉魔法❧

【使用範例】

❋ 擺飾適合願望的花
❋ 放上花的照片
❋ 以花作為禮物

歡喜時刻、悲傷時刻、流淚時刻…
「花朵」一直圍繞在人的身邊

依四季變化，
花朵一直以它繽紛的色彩、美麗的姿態帶給人們愉悅。

自古不同的花朵就潛藏著各自獨有的能量。
羅馬神話中，有一位花卉女神名為芙蘿拉。
傳說「花若不開春天就不會造訪」
因此人們會一面期待春天的造訪，一面向花卉女神祈禱。
想提高個人魅力，或招來戀愛的機會……
務必要在房間裡插上一朵花。
只要有花在，它便能讓人心變得溫和。

花也是贈禮中不可缺少的項目。
祝福、感謝、探病、紀念日……
到底該以什麼樣的心情，送什麼樣的花給重要的人呢？
你可以利用所選的花向收禮者施展魔法。

金盞花
能量湧現

自古視為擁有太陽能量的花。具有讓心情開朗的能量，推薦在情緒低落時擺上一朵。非花季時可以看照片。

祈願　幸運

向日葵
回復自信

遇到重大挫敗難以重新開始時，可以觀想回復自信心的向日葵。工作上想獲得好的成果時可食用種子找回自信。

祈願　生活模式

百合
避開爛桃花

象徵純潔供奉給聖母瑪利亞的花，帶來冷靜沉著的力量。能斬斷誘惑以及與壞男人的緣分，獲得真愛。

祈願　戀愛

鈴蘭
收到好消息

春天綻放的鈴蘭有「福音」的意思。當你期待獲得心儀對象的消息、考試過關、懷孕等各種喜訊，欣賞鈴蘭或使用它的香氣。

祈願　幸運

玫瑰
以美麗魔法讓對方陷入愛戀

愛之星──金星的象徵花朵。想趕快遇到真命天子，每天在房間裡插上玫瑰。它能讓女性的魅力發揮到最大值，當你遇上喜歡的人，可以塗抹玫瑰香水。

祈願　戀愛

鬱金香
點燃戰鬥本能

鬱金香具有爭鬥之星──火星的能量。面對對手，想提高競爭力時可使用。如果陷入拉鋸戰可以連續幾日在家裡擺放鬱金香，或將花瓣做成護身符。

祈願　競爭

康乃馨
促進改變的花

名稱來自「Incarnation（化身）」，能帶來轉變的力量。若有連續的不幸發生，務必在房間裡擺上康乃馨。若將它送給別人，能使兩人的關係「邁向新階段」。

祈願　生活模式

三色堇
愛的永恆約定

莎士比亞的《仲夏夜之夢》用三色堇來製作一見鍾情藥水。將花擰出汁液塗抹在眼皮上，會愛上醒來第一個看見的人。推薦給想找到一生至愛的人。

祈願　戀愛

酢漿草
用四葉帶來幸運

四葉酢漿草是傳統常見的幸運物。在賭博或抽獎這種「碰運氣」的場合，特別能吸引好運。可一旦向人炫耀就會失效。

祈願 競爭

蒲公英
寄託思念的蒲公英種子

擁有與舊愛復合的力量。在心中想著對方的樣子，一面吹散帶著絨毛的蒲公英種子，你的思念將會隨著風傳到對方那裡。

祈願 戀愛

劍蘭
面臨「愛的戰爭」時……

拉丁語原名為「Gladius（劍）」源自它筆直的樣貌。它能告知「決戰時刻的到來」，同時也有作為情人約會信物的浪漫傳說。

祈願 戀愛

陸蓮花(Ranunculus)
交疊而純粹的愛

多層重疊的花瓣看起來很華麗。傳說陸蓮花是歌頌一名年輕人將心愛之人讓給好友的花。陸蓮花能重新找回單純喜愛一個人的心。

祈願 戀愛

風信子
晶瑩剔透的純真友誼

風信子原名來自希臘神話裡的美少年雅辛托斯。無論男女都受雅辛托斯的美的吸引，可用在想加深友誼的時候。

祈願 人際

雛菊(Daisy)
邱比特之花

邱比特為所愛之人綻放的花朵。別名「Measure of Love（戀愛之尺）」。以花朵來占卜「喜歡、不喜歡」，想預測戀愛成敗時可用。

祈願 戀愛

勿忘草
加強個人存在感

有「不要忘記我」的意思。希望對方記得自己，在分別之際觀想花朵的樣子。就能在對方心中留下深刻的印象。

祈願 人際

水仙
愛自己，有自信

水仙來自希臘神話的美少年納西瑟斯的變身。納西瑟斯也是narcissism，自戀這個英文的語源。水仙讓人更愛自己，更有自信地面對人生。

祈願 生活模式

金合歡
向對方傳遞「真愛」

古人會送金合歡給所愛之人。當你遇到打從心底想永遠在一起的對象時，送他金合歡以加深你跟他兩個人之間的連結。

祈願 戀愛

聖誕玫瑰
療癒心靈的神聖花朵

傳說在耶穌基督誕辰盛開。當夢想破滅，嚐到挫折與失敗滋味時，看著聖誕玫瑰感受無憂無慮。

祈願 除魔

洋薊
接納過去的錯誤

如同它帶刺的外觀一樣，洋薊在北歐神話中與雷神索爾連結。在家中擺放洋薊能得到索爾庇蔭。若為過去的錯誤自責，觀想洋薊花的樣子，能紓解情緒。

祈願 除魔

茉莉
促進戀情發展

與意中人的關係遲遲沒有進展而感到焦慮不安時，聞聞茉莉花香能帶來平靜。而茉莉花茶可召喚戀愛機會來到身邊。

祈願 戀愛

睡蓮
水精靈之舞

在水邊綻放的睡蓮是水精靈的居住地。希望自己變美或增加魅力招來愛情時，去看看睡蓮，或使用睡蓮形狀的物品。

祈願 美麗與健康

報春花
打開財富之門

櫻草的別稱。由於在初春時節綻放，英文名稱為「Primos（最初）」。據說會開在藏有寶藏的洞窟旁，因此希望獲得金錢上的豐盛可以種盆栽在家裡。

祈願 金錢

非洲菊（Gerbera）
轉動命運的齒輪

非洲菊能為觀者帶來正面情緒。在日本別名為「花車」。希望推動現狀有所進展的人，可以在房間放一朵非洲菊。花色可參考色彩魔法的章節。

祈願 生活模式

嘉蘭（Gloriosa）
光彩明亮的喜事

英文中「Glorious」有燦爛、輝煌的意思，嘉蘭是一種形如火焰燃燒的百合科植物。想獲得事業上的成功與躍升可擺飾在家中。也能作為大考及第，晉升與開業的禮物。

祈願 讀書與工作

菊花
保有永遠的青春

重陽節（9月9日）會飲用加入菊花瓣的酒，以祈求長壽與永遠的青春美麗。希望永遠春青有活力的人可每年一度做此儀式。

祈願 美麗與健康

茶花
為人生帶來春意

被視為純潔的象徵。由於它是春天最早綻放的花朵，日語漢字寫以「木」字邊加上「春」來表達。推薦給想歌頌「人生春天」的人，以及渴望戀情萌芽的人。

祈願 生活模式

大理花
推薦給想變有錢的你…

大理花有多重花瓣，帶著厚重感，是法國皇帝拿破崙之妻──約瑟芬最喜歡的花，也曾經是庶民無法取得的高貴之物。希望獲得豐盛時可使用。

祈願 金錢

瑪格麗特
幸福家庭插的花

來自希臘語「珍珠」之意，渴望圓滿幸福的家庭，可以將它裝飾在家中。能帶來沒有爭執且平靜的生活。

祈願 生活模式

繡球花
獲得令人讚嘆的美

繡球花象徵「高冷的氣質」，渴望自己的美提升到更高的層次，可將它插在家中。將會得到令異性傾慕的氣質美。

祈願 美麗與健康

仙客來
讓愛人遠離邪惡

仙客來具有守護所愛之人的力量。為了讓重要的人遠離邪惡的存在，可以將仙客來裝飾在他的房間裡。希望家人、情人等重要的人獲得幸福時也可使用。

祈願 除魔

鳶尾花
勇敢抓住機會

作為法國皇室徽章的鳶尾花，象徵智慧與勇氣，又稱為「光之花」。也代表彩虹女神──伊麗絲，能帶來好消息。

祈願 幸運

香豌豆花
守護遠行的人

代表「步上旅途」的花。當心愛之人遠遊，你可以向香豌豆花祈求讓他遠離危險。在房間裡擺上香豌豆花能幫助我們順利融入新生活。

祈願 除魔

滿天星
舒緩緊張

英文別名為「Boby's bless（愛人的輕嘆）」，帶有讓人鬆一口氣的能量。宛如置身「彩霞」（譯註：日文名為霞草）中讓身心從緊張中舒緩下來，有助改善焦慮與失眠。

祈願 美麗與健康

土耳其桔梗
營造和諧氛圍

別名「Lisianthus（洋桔梗）」，語源來自希臘語的「嘴」。為空間帶來和諧的能量，希望與人有良好的溝通，可以將它裝飾在房間裡。

祈願 人際

銀蓮花（Anemone）
戰勝情敵

花卉女神芙蘿拉因嫉妒丈夫仄費羅斯與侍女阿蓮莫蓮的愛情，將阿蓮莫蓮（Anemone）變成銀蓮花。想要戰勝情敵，可在室內插上銀蓮花。

祈願 戀愛

番紅花（crocus）
增加精力、愛的見證

宙斯與女神赫拉躺臥在山邊時溫暖盛開的花朵。可增加精力，也推薦給想吸引異性的人。球根可水耕。

祈願 戀愛

小蒼蘭（Freesia refracta）
用香氣招來桃花

純愛的象徵，不同花色有不同氣味，其香味被用於香水之中。能提升存在感，幫助你虜獲異性。

祈願 戀愛

飛燕草（Delphinium）
像海豚般充滿朝氣

因為長得像海豚得名。覺得憂鬱，壓力大感受不到快樂的時候，插一些在身邊，就能重新享受人生的樂趣。

祈願 幸運

大波斯菊（Cosmos）
魅力翻倍提升

希臘語中有「美麗的飾品」之意，向喜歡的對象告白時可以選在大波斯菊開花的地方。它能使魅力提升好幾倍，對方必定會因此接受你的心意。

祈願 戀愛

矢車菊
療癒創傷

植物屬名為「Centaurea」，來自希臘神話中半人馬族（Centaurus）。半人馬族在受傷時會以矢車菊療傷。矢車菊能療癒所有的心理創傷。

祈願 美麗與健康

孤挺花
騎士精神

有「騎士之星」的意思，帶來宛如騎士般不屈不撓的精神。面對不得不跨越的試煉發揮出超常的實力。

祈願 讀書與工作

月光花
引誘對方陷入戀愛

希臘文中有「美麗夜晚」的意思，當喜歡的對象約你吃晚餐，試著觀想月光花美麗的「白」色，能讓對方不再以平常心對待你。

祈願 戀愛

海芋
代表「正宮」的花

宙斯唯一的正宮妻子──赫拉女神在哺育幼子時，母乳噴濺出來變成海芋。當你渴望成為某人的正宮，可以試試海芋。

祈願 結婚

天竺葵
以香氣淨化空間

強烈香氣據信能除魔淨化空間，因此歐洲有在住家周邊種植天竺葵的風俗。若被討厭的人糾纏，或遇上麻煩的邀約，快種一盆天竺葵在家裡。

祈願 除魔

牽牛花
呼喚真命天子

中文名「牽牛花」，可連結到牛郎織女的故事。想邂逅真命天子的人可以在家栽種牽牛花。也可以多使用牽牛花造形的物品。

祈願 戀愛

鐵線蓮
安撫受傷的心

花朵如風車般帶有藤蔓的攀爬植物，以「糾纏」的外形被視為愛情的象徵。常用來作遮蔭樹棚，別名為「traveler's joy（旅行者的喜悅）」。療癒因戀愛受傷的心。

祈願 戀愛

罌粟花
擁有龍之力的花

聖瑪格麗特殺死的龍身上流出的血液變成罌粟花。因此渴望擁有行動力，或想戰勝逆境時可以使用。

祈願 幸運

黃花九輪草 (Primula veris)
打開新門戶的關鍵

綻放成束，令人憐愛的小黃花，宛如聖彼得腰邊佩戴的成束鑰匙，又被稱為「天堂的鑰匙」。想打開新的人生篇章時可以選用。

祈願 生活模式

The Magic
of
Herbs & Spices

❧ 藥草與香料魔法 ❧

【使用範例】

❋ 加入菜餚
❋ 飲用藥草茶
❋ 運用精油

女巫祕方中的藥草與香料
依願望使用不同藥草

在現代西方醫學發達之前，
人們多半以「魔法」治療疾病與不適。
本章節將介紹這些藥草與香料。

依據形狀與古老的傳承，人們研究植物的藥效，
如同東方醫學的漢方「藥草學」一般發展至今。
每一種藥草都能連結不同的行星屬性，
以行星屬性為基礎發展出「戀愛成功」、「獲得財富」等等
各式小咒語

例如：在日本，溫暖身體會飲用熱薑汁。
而薑擁有火星的能量，能增加行動力。

無論使用在烹飪、製成茶飲，嗅吸香氣
有多種運用方式向來是植物魔法的魅力。

* 依體質與健康狀態不同，部分藥草有使用禁忌。特別是兒童、老人、孕婦，以及
住院中人士盡可能避免使用，如需使用應遵循專業醫師之醫囑。

洋甘菊
展現真實的自我

據說能舒緩緊張情緒，面對第一次見面的人或是第一次約會時可以喝洋甘菊茶。讓人放輕鬆地向對方呈現最真實的自己。

祈願 人際

迷迭香
冷靜面對戀愛

擁有淨化憎恨與嫉妒力量的藥草。因為情敵出現感到焦慮，或想束縛所愛之人時使用，能找回內心的平靜。

祈願 戀愛

杜松
抹消過去的失敗

因為過去的失敗經驗導致裹足不前時，嗅吸杜松香氣能激發自信再次行動。面臨高標準的挑戰，也能一次使用較大的力量。

祈願 讀書與工作

繁縷
為冷漠加溫

想找回逝去的熱情，或為一成不變的關係升溫。覺得對方的態度冷淡下來，可以讓想加溫的對象飲用繁縷茶。

祈願 戀愛

辣椒
再次點燃勇氣

辣椒是鬥爭之星──火星所屬的物件中力量最強的一種。面對絕不能輸的挑戰可以事前食用辣椒，它能激發勇氣，讓人發揮絕不退讓的強大力量。

祈願 競爭

菊苣
展現真實的自我

菊苣有「不偽裝展現真實自我」的涵義。想不逞強，不虛張聲勢就輕鬆面對喜歡的人可以使用，它能讓你舒適自在。

祈願 人際

茴香
重新檢視自己

不管是整把吊掛起來，或是塞進鑰匙孔中都能除去惡靈。容易受他人影響而喪失自我的人也可以使用，它讓人察覺重要且必須做的事。

祈願 生活模式

甘草
腦中浮現新靈感

能活化腦力，帶來絕佳靈感。腦袋轉不過來時使用，能帶來意想不到的解決辦法。傾聽他人煩惱時也可用。

祈願 讀書與工作

艾草
召喚命運的邂逅

以招桃花聞名的藥草。特別是放大女性原有的魅力。若加入料理中烹調，能吸引更多的異性向你表白。

祈願 戀愛

西洋蓍草
不屈不撓的反抗精神

相傳在希臘神話中，阿基里斯為士兵治傷的藥草。重要的挑戰即使暫居下風，西洋蓍草也能帶來逆轉勝的能量。

祈願 競爭

接骨木花
帶來良好的人際關係

面對令人困擾的對象時，使用接骨木花能讓心情變得開朗，不再有討厭的感覺，能以輕鬆的心情與對方接觸。

祈願 人際

薑
溫暖身心

封閉自我的時候，或是發生背叛無法再相信他人，這時可以借用薑的能量。它能溫暖人心，讓你再次溫柔地對待別人。

祈願 人際

馬鬱蘭
飄散愛的芬芳

傳說馬鬱蘭是因為愛情女神維納斯的撫觸才散發出美好的香氣。能消除對婚姻的恐懼，更靠近真愛。

祈願 結婚

蕁麻
解開憂鬱情緒

最適合用在早上不想去學校或公司的時候。光是聞到那清爽明朗的氣味就能一掃憂鬱的心情，感覺力氣又重新回到身上。

祈願 讀書與工作

牛膝草
消除對現實的不安

擁有淨化力量的藥草。當你因工作的發展以及收入不穩定等原因對未來感到悲觀，它能抹去不安，讓你接納當下的自己。適合想喜歡上自己的人。

祈願 金錢

香蜂草
坦率行動

當喜歡的人另有對象或想與舊情人復合時，一面想著對方的樣子，一面喝香蜂草茶，並感受其香氣，如此能讓你誠實面對自己的感情，起身行動。

祈願 戀愛

鼠尾草
邂逅真摯的愛情

常用於美洲原住民的儀式當中，無論東西方都視為神聖的藥草。相傳它是俊美國王所愛戀的精靈化身而成的藥草。希望被異性深深愛戀可使用。

祈願 戀愛

牛至
找回平靜的心情

語源來自希臘文的「山之喜悅」，能療癒內心，帶來安定。匆忙的日子讓你的內在感到起伏不定時，可以使用牛至。

祈願 幸運

黑胡椒
避開不幸與災禍

自古就有傳說提及黑胡椒的淨化效果。當最近發生多起事故，或家裡發生不幸的事情時可以使用。親手研磨能淨化身心。

祈願 除魔

芫荽
避開負能量

別名為「香菜」。自古是重要的藥草之一，也會用來埋葬死者。能遠離所有的負能量如嫉妒、流言蜚語等，感受到他人惡意時可以食用。

祈願 人際

肉桂
暗戀成功

能實現愛情的願望。在親手做的點心上撒上肉桂，再送給心儀的對象，他吃下點心瞬間會對你有特別的情感湧出。

祈願 戀愛

羅勒
明白喜歡之人的心意

希臘語「Basilion（國王）」的意思。擁有獨特的香氣，傳說是一種能讓「祕密曝光」的藥草，可以偷偷讓可能外遇的對象吃下它。

祈願 戀愛

薄荷
以魅惑的香氣提高吸引力

傳說薄荷曾經是水精靈。擁有能吸引異性的強大能量，想在各種活動和派對中受歡迎，可以選擇添加薄荷的甜點或雞尾酒。

祈願 戀愛

番紅花
驅逐黑暗情緒

為番紅花飯上色的藥草。在印度用來染僧人的聖袍。由於擁有神聖的力量，當你覺得運氣不好，心情低落時可以食用番紅花。

祈願 除魔

檸檬香茅
刺激嗅覺，消除睡意

因氣味與檸檬相似而得名。能刺激嗅覺，提神醒腦。想睡覺卻無法集中精神工作時，可以喝檸檬香茅茶。

祈願 讀書與工作

水芹菜(Cresson)
為平凡生活添加刺激

在歐洲被視為「九大神聖藥草」，常添加在宴會料理中。象徵智慧與復活，適合渴望重新開始或從失敗中得到經驗的人。

祈願 生活模式

大茴香籽(Anise seed)
想起重要的事

擁有古老歷史的辛香料，古埃及曾為木乃伊防腐劑之一。對過去的事執著放不下，或想找回失去的東西，可向大茴香籽借力。

祈願 生活模式

蒔蘿
綻放願望之花

擁有「開花」涵義的藥草。希望個人才華能開花結果，或是在給愛人的菜餚中摻入蒔蘿，能使兩人戀情順利進展。

祈願 讀書與工作

小茴香(Cumin)
抓住異性的心

傳說為了防止情人變心，女性會偷偷在男性的口袋中塞入小茴香。如果希望對方「眼中只有自己」可以在咖哩中加許多的小茴香給他吃。

祈願 戀愛

豆蔻
以咀嚼自我淨化

西元前就有使用記載，古埃及用於神廟焚香的神聖香料。放入口中咀嚼可預防口臭。想自我淨化，改變命運時可食用。

祈願 除魔

葛縷子
遇上挫折與失敗

古阿拉伯語中有「種子」的意思。例如在工作上發生失誤，想回到原點重新開始可食用葛縷子。入口的瞬間能讓你想起初衷。

祈願 除魔

八角
具有8與∞的力量

別名「星星茴香」，因其特徵如八個角的星星。可視為擁有「8」或「無限」力量的素材。可加在燉煮料理或糖漬品給互許終身的人食用。

祈願 戀愛

丁香
驅逐惡魔的聖釘

釘子形狀的香料，祛避疾病和災難的護身符，多半會插在水果上做成「Pomander（守護香球）」。想淨化口腔可嘗試咀嚼丁香的儀式。

祈願 除魔

百里香
需要力量的時刻

面對恐懼、絕望、創傷等負面情緒，為你帶來勇氣的藥草。能回復身心能量，可在疲憊時使用。

祈願 除魔

薑黃
神清氣爽，身體強健

別名「鬱金」（譯註：鬱金與薑黃為不同植物。日本的薑黃沿用唐朝之舊名為鬱金）。有「鮮黃色」之意，可驅散憂鬱的心情。在印度被視為可淨化所有東西的萬能香料。有助再造你的運勢。

祈願 幸運

月桂葉
唯有贏家才能佩戴的皇冠

太陽神阿波羅的代表植物。月桂冠是勝利者的標誌，用來送給擁有非凡才華之人。傳說任何災厄都不會靠近月桂樹。

祈願 競爭

聖約翰草
遇見未來的伴侶

驅散陰鬱情緒的藥草，花上紅色的斑點傳說是聖約翰的血。傳說在臥房中吊掛聖約翰草就能在夢中看見未來結婚對象的長相。

祈願 結婚

歐白芷
實現戀愛的天使魔法

相傳英文名來自「天使」一詞。天使到修士的夢中告訴他歐白芷的療效而得名。可呼請天使為你實現愛情相關的願望。也能增加靈性力量。

祈願 戀愛

香草
以甜美香氣吸引異性

氣味香甜的香草在古代被認為是一種「催情藥」。歐洲宮廷的貴婦人們為了虜獲男士的心，會食用加入大量香草精的甜點。

祈願 戀愛

薰衣草
洗去低迷的運勢

英文名源自拉丁文「Lavo（清洗）」的意思。清爽的氣味有極佳的淨化力，推薦給覺得運氣不好或感到氛圍沉重的人使用。

祈願 除魔

肉豆蔻
為冰冷的身體加溫

藥草占星的祖師爺——尼可拉斯·卡爾培柏（Nicholas Culpepper）在其著作中指出肉豆蔻適合因性器虛寒而不孕的人食用。可加入肉類料理。

祈願 結婚

西洋芹
受孕的藥草

在希臘勝利者所戴的皇冠也會用西洋芹製作。關於助孕的傳說也不少，不管是親自栽種，或加在料理中都能帶來懷孕的機會。

祈願 結婚

大蒜
喚醒企圖心

古埃及時代開始在地中海沿岸栽種。古代英語中「Gar」為「槍」之意。想激發內在的企圖心，可在決勝前食用大蒜。

祈願 競爭

水飛薊
貫注滿滿的愛情

帶有白色的網狀葉脈。別名「奶薊草」。相傳聖母瑪利亞的乳汁灑到葉面而形成白色網紋。想帶給他人滿滿的愛，或是加深感情都可使用。

祈願 戀愛

錦葵
迎向人生黎明

泡茶釋出藍色茶湯，加入檸檬汁會轉變為粉紅色。別名「黎明藥草」。若連續發生令人痛苦的事，可飲用錦葵，加速黎明到來。

祈願 生活模式

芥末
孕育新生命

在印度芥末象徵「生產」力。夫妻共同食用有助懷孕，渴望兒孫滿堂的夫妻應在餐桌上常備芥末。

祈願 結婚

洛神花
提升魅力呼喚愛

能沖泡出深紅色的茶湯。婚禮花圈用洛神花，不但代表愛情也能提高性慾。想獲得讓異性臣服的魅力時可以飲用。

祈願 美麗與健康

馬鞭草
中世紀流行的幸運符

中世紀的人認為它能帶來極大的好運，會將剛摘下的馬鞭草掛在脖子上到處走動。少量加入葡萄酒飲用能加強效果。

祈願 幸運

The Magic of Foods

❧食物魔法❧

【使用範例】

❋ 直接食用
❋ 加進菜餚裡
❋ 將食材放在家裡

多用一點心
讓廚房變身成女巫實驗室！

在歐洲魔法的範疇裡可分為女巫與祭司在祕密場合執行的「聖
殿魔法」，以及在日常生活中執行的「廚房魔法」二種。
本章介紹的內容以後者為主。

其實「吃」是一種很強大的魔法。
各種食材轉換形態，由嘴進入人體後成為這個人的血與肉，
以及能量的來源。
可說是非常了不起的魔法形式。

換言之，站在廚房的女人都具備「女巫」的資質。
何不多多運用這種女巫智慧呢？
妥善選用食材予以烹調，配合當日的計畫而為，
可以提升能量，安定心神，帶來歡樂，
甚至能虜獲情人的心……。

請務必使用各種食材來烹調，
創作屬於你的食譜。

蘋果
實現戀情的愛之果

擁有戀愛女神艾芙洛蒂力量的水果。讓自己更受歡迎的美麗能量潛藏在蘋果中，是著名的愛之果。與意中人共食一顆蘋果就能與他結合。

祈願 戀愛

麵包
治病、避災

據信有治療疾病以及避開災難的效果。同時也能遠離巫婆。如果今天可能會遇到討厭的人，早上可以吃麵包。用力咀嚼再吃下去，能提升防禦力。

祈願 人際

起司
達成所有願望的萬用食材

擁有實現願望的魔法。想交男女朋友可以切成心形，想變成有錢人就切成錢幣的形狀。在起司中注入意念吃下去，就能完美實現願望。

祈願 幸運

巧克力
具有戀愛魔力的黑色魔藥

巧克力過去在歐洲被當成春藥。在西洋情人節當天贈與他人的巧克力也擁有這樣的力量，當然以親手做的巧克力最好。

祈願 戀愛

蘆筍
讓對方愛上你的愛情靈藥

依據古羅馬的博物學者——老普林尼的著作，用來煮野生蘆筍的水能讓人陷入戀愛。若想獨占愛人的心，可以煮蘆筍給他吃。

祈願 戀愛

高麗菜
鎮靜焦慮的情緒

高麗菜在法語中有「頭」的意思，據說有讓頭腦冷靜，心情平靜的效果。緊張的時候吃高麗菜能提升注意力。

祈願 讀書與工作

雞肉
與意中人互相喜歡

與喜歡的人一起食用，能加深兩人的感情。吃的時候一邊唸：「愛能勝過一切」會提高效果。和意中人約會吃飯，不要猶豫一定要點雞肉。

祈願 戀愛

蛋
帶來新機會

蛋是可能性的代表物，能開創人生的新局面。當人生了無新意，可以嘗試各種蛋料理再吃掉它們。有兩顆蛋黃的蛋，是幸運的象徵。

祈願 生活模式

魚
增強家族的連結

由於戀愛女神艾芙洛蒂和她的兒子厄洛斯在遇到怪物襲擊時，化身成魚逃脫，因此魚也象徵母愛。家族聚餐點魚是聰明的選擇。

祈願 人際

蜂蜜
給予自信的小太陽

占星術中蜂蜜與太陽有很深的關聯性。而太陽象徵「自信」，在失敗多次後，食用蜂蜜就能讓人恢復信心，重新來過。

祈願 生活模式

杏仁
與巧克力一起吃增強戀愛力

由於外形長得像「眼睛」，能避開他人的惡意攻擊。若要做提升魅力的愛情靈藥，與巧克力加在一起，便能發揮強大效果。

祈願 戀愛

牡蠣
感受對方的愛

牡蠣能提升感受力，讓人更容易感受到愛情。即便在今日的英國，男女共食牡蠣代表兩人有著「特別關係」。約會點餐時，選擇生蠔吧。

祈願 戀愛

紅蘿蔔
咬一口就能受歡迎

古代極受歡迎的食材之一，據說中世紀歐洲婦女會在帽子上裝飾蘿蔔葉。蘿蔔花用葡萄酒燉煮能成為春藥。

祈願 人際

香菇
牽起心與心的魔法

喚醒人類的神祕感知力，瞭解對方的心情與想法，將自己的想法傳達給對方，除去心的隔閡，讓人與人之間的溝通順暢。

祈願 人際

橄欖油
遠離邪惡影響，增強生命力

在歐洲，想提高生命力、遠離邪惡保護自己時，會塗抹在身體。身體虛弱時也會以橄欖油調理健康。

祈願 美麗與健康

豬肉
提升體力與精力

火星之神阿雷斯化身為野豬，攻擊迷戀艾芙洛蒂的美少年。因此想擊敗情敵時可食用豬肉。

祈願 戀愛

馬鈴薯
以大地之力提升防禦力

人類於西元前3000年開始栽種，被視為提高防禦力的食物。食用鮮摘馬鈴薯時，一邊閉著眼睛唸出願望，一邊將馬鈴薯吃下去，願望就能成真。

祈願 除魔

南瓜
避開邪惡自我保護

萬聖節時裝飾用的鬼臉南瓜是為驅趕來自異界的惡靈。感覺壞事連續發生時可以烹煮南瓜料理。

祈願 除魔

番茄
讓意中人愛上你

將乾燥的番茄籽放入小布袋掛在脖子上，就能讓帥哥美女喜歡上你。在愛的能量高漲的星期五，與喜歡的人一同食用番茄也是好的選擇。

祈願 戀愛

草莓
將現有的美提升到極致

草莓擁有提升魅力的能量。一邊許願「想要變美」一邊吃效果最好。希望喜歡的人注意到你，可以在見面前吃一粒草莓。

祈願 美麗與健康

洋蔥
獲得穩定的幸福

多層次重疊的外皮代表「永恆」。希望獲得永久的幸福可以每天吃一道洋蔥料理。洋蔥同時也有治療疾病的功效。

祈願 幸運

芝麻
推進與心儀對象的關係

古代巴比倫曾有贈與異性芝麻甜點的風俗。要去探望心儀的異性，或選擇伴手禮時，推薦添加芝麻的點心。

祈願 戀愛

牛奶
牽起情感的暖流

占星術中牛奶屬於月亮掌管的食物，也與「愛情」有關。早晨喝一杯牛奶能感受與他人之間的溫暖交流。優酪乳也有一樣的功效。

祈願 人際

奶油
判定是否有結婚的可能

與月亮相關，能增加結婚可能性的食物。食用抹上奶油的麵包，另一手若在無意間拿著另一塊麵包，則暗示著婚期將近。

祈願 結婚

葡萄酒
帶來幸福的神明祭品

葡萄酒在古羅馬曾是奉獻給神明的飲品。紅葡萄酒擁有太陽與男性能量，白葡萄酒擁有月亮與女性的能量。西方有飲用稀釋葡萄酒消災解厄的習俗。

祈願 幸運

啤酒
潔淨身心的黃金飲料

從石器時代開始發展的啤酒，是葡萄酒出現前供奉給神明，又能淨化身心的飲品。飲用一點點啤酒，觀想身體被淨化，可提升效果。

祈願 除魔

紅茶
看清眼前現實

歐洲有使用紅茶茶葉預測未來的占卜形式。紅茶讓人看清現狀並深入認識。如果常出神或腦袋遲鈍可飲用紅茶。

祈願 讀書與工作

咖啡
促進行動的興奮劑

據傳誕生於11世紀的衣索比亞。曾作為興奮劑直接食用。由於能促進動力，很適合在工作前飲用。

祈願 讀書與工作

豆子
增強自我意志

古希臘在投票時會使用豆子作標記，白色豆子代表贊成，黑色豆子為反對。豆子能增強意志力。被某些事困擾時可食用豆類料理。

祈願 除魔

萵苣
誘惑所愛之人

被認為有催眠作用的萵苣，維納斯女神將它鋪在情人的睡榻上。而羅馬神話中朱諾則是吃了萵苣後生下孩子。推薦在晚餐約會時食用。

祈願 戀愛

檸檬
情人間不可少的水果

檸檬被稱為「愛情水果」，兩個人一起食用檸檬能拉近彼此的距離。加入砂糖效果會更好。若要帶點什麼給運動的情人，蜂蜜醃檸檬是好選擇。

祈願 戀愛

花生
吃愈多吸引愈多錢

生長在土地中的花生，蘊涵大地的能量，能帶來好的財運。有強大的「增多」效果，缺錢時可把花生當點心。

祈願 金錢

鹽
帶來人生安定的微妙滋味

鹽能喚醒現實的感受。是鍊金術中用來穩定物質，並使其結晶化的媒介。想安定心神，可在四周擺上淨化的聖水，並加入一匙鹽。

祈願 幸運

無花果
財運從谷底回升

塞滿種子的無花果一直都是「增加」力強大的代表水果。對未來財務狀況感到不安的話，可吃無花果乾祈求財運。

祈願 金錢

柳橙
養成每朝飲用的習慣

柳橙的外形象太陽一樣，帶給人明朗愉快的心情。不但能提升好感，酸味也有淨化效果。早晨可以喝一杯柳橙汁作為一天的開始。

祈願 幸運

韭菜
避開所有災厄

韭菜自古用來增強體力、遠離災禍以及淨化除魔。覺得不幸的事接連發生，可多吃一點韭菜來消災。是一種與火星能量連結的蔬菜類。

祈願 除魔

石榴
讓愛復活

紅石榴象徵死亡與再生，是豐饒女神狄蜜特的女兒普西芬妮被留在冥府的原因。希望人生出現重大的改變，或想找回逝去的愛時可使用。

祈願 戀愛

桑葚
提升學習效率！

桑葚是奉獻給智慧女神米娜瓦的水果，日本名為「桑果」。做任何學習之前食用，會獲得女神的加持提升學習效率，更容易抓住訣竅。

祈願 讀書與工作

玉米
幹勁湧現

在中南美，玉米擁有與神明一般崇高的地位。結實飽滿的果粒是「豐盛」的象徵，被視為凝集了太陽的能量。覺得沒有幹勁時可以食用。

祈願 生活模式

花椰菜
排解不安的情緒

花椰菜是一種由月亮管轄的蔬菜。擁有療癒受創心靈的能量，感到疲憊時可在晚餐食用。另一種青花菜也同樣是月亮所屬的蔬菜。

祈願 除魔

芹菜
消除人際糾紛

芹菜是與水星緊密連結的蔬菜。清爽的氣味能讓混亂的腦袋冷靜下來。人際關係有不愉快的事發生時，吃芹菜能帶來解決辦法。

祈願 人際

貝類
吃多少賺多少

貝殼在古代曾是金錢交易工具，因此擁有與金錢相似的能量。希望獲得金錢方面的好運時，可在餐桌上多準備幾道貝類料理。

祈願 金錢

葡萄
讓心情明亮愉快

葡萄是製作葡萄酒的原料，也是酒神戴歐尼修斯的祭品。以陽光曝曬的葡萄乾擁有太陽的能量，可在心情鬱悶時吃一些。

祈願 幸運

梨子
找回生活的快樂

又甜又多汁的梨子是充滿金星能量的食物，能吸引愛情與金錢。覺得生活沒有任何樂趣，枯燥無味時，梨子能帶來愉悅的能量。

祈願 戀愛

小黃瓜
吃掉一整根

小黃瓜充滿水分和許多種子，是多產的象徵。屬於月亮管轄的蔬菜。靜不下心來時可以吃一根小黃瓜。

祈願 除魔

派
包住幸福的能量

充滿蘋果、櫻桃、藍莓……等果實內餡，所謂的「派」是一種幸福的象徵。可以製成不同的形狀和加入不同的內餡，製作魔法用的派以達成願望。

祈願 幸運

酪梨
比現在更美麗！

據說酪梨擁有金星的能量，願望與美麗相關時，可選擇食用加入酪梨的料理。一邊想像自己變美，一邊把它吃進去。

祈願 美麗與健康

胡桃
用腦時機小零嘴！

由於外形近似大腦，古代認為胡桃能提升智力與知性。很適合在工作或讀書時當零嘴食用。對解決難題時也有莫大的幫助。

祈願 讀書與工作

The Magic of Trees

樹木魔法

【使用範例】

✳ 探尋與觸摸身邊的樹

✳ 擺飾樹木照片

✳ 觀想樹木形態

感受「樹木」悠遠的時間之流
以及生命力所帶來的安定感

與形形色色的花朵相比，
會留下深刻印象的反而是寧靜的樹木。
世界各國的人們都能看出樹木的神聖特質。

舉例來說，女兒節使用的桃枝不但有祝賀之意也能淨化，
聖誕節的冷杉、日本新年的松樹都充滿綠意，
在寒冬時分象徵源源不絕的生命力。
而冬青尖尖的葉片則有除魔效果。

樹齡遠遠超越人生的大樹們，
是一直守護著土地，令人敬仰的存在。
這也是日本「御神樹」的由來。

覺得運氣不好時務必向樹木借力。
可以的話輕輕撫摸樹幹看看。
閉上眼睛沉澱一會兒，
便能感受到大樹的生命力流入你的體內。

松樹
貫徹不變的愛

精靈皮蒂（Pitys）拒絕牧神潘的求愛而化身為松樹。想堅守個人原則與信念時可向松樹祈求。青綠色的針葉也是生命力的象徵。

祈願 戀愛

冷杉
面臨重大變故

冷杉是歐洲在人生重大節日時不可或缺的樹木。面對人生重大改變時，摸一摸冷杉，它能幫忙你毫不猶豫地接納當前的改變。

祈願 生活模式

槲寄生
用魔法讓對方愛上你

歐洲有站在槲寄生下親吻異性的風俗，是最強的戀愛助攻植物。若想與喜歡的人共結連理，可以將槲寄生當作無護身符。

祈願 戀愛

樺樹
吸引幸運上門的白樺樹葉

日耳曼人視白樺為弗麗嘉女神的聖樹。將樹枝裝飾在窗邊能帶來快樂的愛情。渴望被眾人喜愛的話，務必要把白樺枝條裝飾在窗戶旁邊。

祈願 戀愛

白楊
慶祝勝利的白楊冠

傳說中海克力斯擊敗三頭巨人卡庫斯後，為慶祝勝利，頭上戴著白楊葉的頭冠。面臨重要的勝負競賽時，可觀想白楊樹以祈求勝利。

祈願 競爭

柳樹
擁有靈性力量

帶著神祕氛圍的柳樹自古用來占卜。傳說中柳樹保護奧菲斯到地獄尋妻。站在柳樹下會發生不可思議的事。

祈願 生活模式

金雀花木
消災解厄

自古金雀花木就被視為淨化用的樹木。用金雀花木製成的掃把，不但能清潔環境，還能淨化除魔。將樹枝放在室內有淨化效果。

祈願 除魔

榆樹
導入深層睡眠

榆樹是睡夢之神摩耳甫斯的象徵樹。當煩惱很多、焦慮睡不著，或是連日淺眠的時候，可以把榆樹放在臥房內，祈求夢神的加持。

祈願 美麗與健康

楓樹
讓對方心動

相傳匈牙利女王聽到牧羊人以楓木笛吹奏的樂曲後愛上吹笛人。因此取得楓樹所製成的糖漿能當作愛情靈藥或帶來金錢。

祈願 戀愛

檜木
永不消退的熱情

「不死」、「不滅」的象徵。當你快放棄夢想，聞一下檜木的味道，就能重新拿出幹勁回歸初衷，堅持下去。

祈願 讀書與工作

山毛櫸
明瞭自己所在位置

有強大的生命力，能適應各種環境。想在新環境確立個人地位可借助山毛櫸的力量。面對長期課題時，山毛櫸也能給予支持。

祈願 讀書與工作

仙人掌
強大的詛咒反彈

仙人掌的針在南美的咒術師之間主要用在詛咒儀式當中。尖刺的外觀讓仙人掌能反彈人際關係的糾紛和邪念。推薦放在窗邊。

祈願 人際

菩提樹
以奇蹟般的回復力痊癒

古希臘稱為「呼喚奇蹟之樹」，備受崇敬且具有強大的力量。感到疲憊或腦袋混亂時，閉上眼睛觀想菩提樹的樣子，能讓心情平靜。

祈願 除魔

常春藤
讓酒品變好

相傳酒神戴歐尼修斯降生於常春藤中，歐洲人認為常春藤能改善壞酒品。飲酒時可以戴著常春藤作為護身符。

祈願 美麗與健康

山楂樹
豐富人生的際遇

能變換各種形態的山楂樹象徵「可能性」。當視野變窄，想法僵化時可借助山楂之力看見新的人生道路。

祈願 生活模式

黃楊
給予生命能量

天主教復活節前夕的「棕枝主日」時使用。將黃楊枝綁成十字架的形狀象徵「生命力」。希望永遠青春健康，用黃楊做的竹籤也是不錯的選擇。

祈願 美麗與健康

銀杏
心裡有罪惡感

相傳洪水發生時人們紛紛爬上銀杏樹避難，唯有犯罪之人會滑落下來。當內心懷抱著罪惡感，可以向銀杏傾訴。

祈願 除魔

合歡木
充實的夜晚

合歡木有「男女合歡」之意。希望所愛之人有更美好的夜晚，可借助合歡木的力量。讓兩人都能品嘗愛達到高潮的瞬間。

祈願 戀愛

漆樹
尊重自己

漆樹代表「不變的事物」。希望堅守個人原則，或是一直被周遭意見影響，觀想漆樹能帶來自信。

祈願 生活模式

榛樹
在夢中獲得暗示

傳說在榛樹下睡覺，能在夢中得到暗示。當你為人生煩惱時，放一根榛樹的樹枝（或榛果）在臥房，就能找到解答。

祈願 生活模式

柳杉
獲得不滅的力量

柳杉與埃及神話中的歐西里斯頗有淵源。柳杉花的花語是「不滅」。遭遇挫折，感到信心喪失時能給予重整的力量。

祈願 除魔

紫杉
失去重要的人

紫杉在歐洲多半被種在墓地附近，有「悲傷」或「安慰」的意思。當你失去心愛之人或親近的人，可借紫杉之力讓心神安定。

祈願 除魔

橡樹
踏實累積財富

傳說橡樹是女巫喜愛的樹木，它具有遠離災禍與不幸的力量。可以撿一顆橡樹果實作為護身符。橡樹也能提升財運。

祈願 金錢

梣樹
給軟弱的心當頭棒喝

梣樹對凱爾特人而言是長槍與弓箭等武器的材料，換言之，象徵「戰鬥」。覺得自己太軟弱，一直配合他人被隨意對待時，可利用梣樹帶來強勢能量。

祈願 競爭

紅淡比
日本傳統神樹

紅淡比是日本最知名供奉神明的樹木。無論是夜歸或走在無人的道路上，都能守護行人安全。若突然間覺得氣氛不對，可以觀想紅淡比神聖的能量。

[祈願] 除魔

樟樹
祛避自然災害

樟樹在許多日本神社被當作神樹。樟樹精靈會預告天災和人禍，保護人類。感到焦慮不安時可以摸摸樟樹。

[祈願] 除魔

花楸木
遠離惡靈的聖木

英國人認為花楸能保護人們遠離惡靈與巫婆，也有燃燒花楸能召喚精靈的傳說。想消災解厄可以裝飾在房間或玄關。

[祈願] 除魔

杜松
驅走黑暗情緒

為了驅趕惡靈會在喪禮上燃燒杜松。供奉神明的香有時也可使用。無論做什麼心情都無法開朗的話，可以借助杜松之力。

[祈願] 除魔

蕨類
吸引戀人之愛的神奇葉片

被視為「精靈的居所」，自古有許許多多的神祕傳說。聖約翰日（6月24日）前晚摘一片蕨葉放入左腳鞋子裡，會吸引異性深深愛上你。

[祈願] 戀愛

椰子樹
帶來財富的成功象徵

椰子代表「財富」與「勝利」，被奉獻給太陽神阿波羅。渴望獲得成功，或人生過得更好，就在家裡種椰子樹。

[祈願] 金錢

梧桐樹
獲得宙斯加持的樹木

非常受歡迎的行道樹，別名為懸鈴木。過去作為止痛藥劑使用。是一種與全知全能之神——宙斯連結的樹木，觸摸它的樹幹能獲得力量。

[祈願] 幸運

冬青
守護永遠的幸福

大家最熟悉的聖誕節裝飾品，栽種是作為歡迎精靈的記號。據說冬青結出紅色的果實能帶來更多的幸福。

[祈願] 幸運

The Magic of Animals

❧ 動物魔法 ❧

【使用範例】

✳ 到動物園撫摸動物
✳ 擺設動物造型的家飾品
✳ 擺放動物的照片

傳遞天界訊息
神與人之間的橋梁

自古神祇都有隨侍在側的「使者動物」。
例如智慧女神雅典娜的貓頭鷹，
月亮女神阿提米絲則是牽著鹿。
這些動物扮演著人與神的仲介角色，
為雙方傳遞訊息。

再者，「使魔」之於巫師也是不可或缺的存在。
無論是黑貓，或者鳥類都能作為使魔，
使喚牠們或依賴牠們探查消息，有時當作是交談的對象。
使魔有著各種功能。

若最近某種動物（包含鳥與昆蟲）特別常出現在眼前，
說不定這種動物有特別的訊息要傳遞給你……？
務必把牠代表的意思查清楚。

狗
想培育堅定的友情

狗是人類古老的朋友，擁有培養友情的能量。想與第一次見面或身邊的人培養出好的情誼，可以買幾個狗拘造型的東西放在身邊。

祈願　人際

馬
正面積極迎向人生

馬自古就是神祇們的坐騎，由於牠們能牽引戰車，又被視為「迎向戰爭戰利」的象徵。希望昂首闊步迎向美好人生，可將馬蹄當作護身符。

祈願　生活模式

貓
招桃花的愛情動物

古埃及的美與豐收女神芭絲特有顆貓的頭，相傳貓造型的物品能為感情帶來好的發展。撫摸黑貓的頭能實現願望。

祈願　戀愛

青蛙
喚回逝去緣分的救世主

水陸兩棲生物，與月亮有著深厚的關係。日文中與「歸來」同音，暗示著離開的東西會再回來。渴望取回某些東西時，可以把青蛙當作護身符。

祈願　人際

烏鴉
一隻是不幸，二隻是幸運

看到二隻烏鴉象徵幸運的到訪。而一隻烏鴉代表不幸，三隻代表災難，四隻則會結婚。當你看到一隻烏鴉，得趕緊找到另外一隻。

祈願　除魔

蜘蛛
編織金錢，帶來豐盛

在家中常見的小蜘蛛能帶來財富，在家看到牠們千萬別任意殺死。如果蜘蛛跳到你的衣服上，則是獲得金錢的好兆頭。

祈願　金錢

象
不為錢所苦的生活

象頭神葛內舍在印度是著名的財富之神，當財務面讓你焦慮不安，或沒有穩定收入時可放一尊在家裡。若夢見大象出現，則是有意外收入的預兆。

祈願　金錢

蝴蝶
變得更美更有魅力

從毛毛蟲到蛹，最後化身為美麗的蝴蝶，這一連串的過程使蝴蝶象徵「蛻變」。期許自己變得更美，可以收藏蝴蝶造型的物品，或觀想蝴蝶的樣子也很有效。

祈願　美麗與健康

燕子
帶來幸運的燕巢

羅馬人認為當燕子到住家築巢是幸福降臨的徵兆。反之迫害燕子或是搗毀燕子的巢則會帶來接連的災難。

[祈願] 幸運

雞
宣告起始的鳥

雞以鳴叫提醒大家日出時分的來臨，同時驅趕黑夜的惡魔，並宣告神明的誕生。擁有「復活」的力量，想再次挑戰過去失敗的事，雞能帶給你勇氣。

[祈願] 生活模式

兔子
成就愛情的白色與黑色兔子

兔子因多產而象徵愛與豐盛。在滿月的早晨默唸：「白兔」，晚間就寢前默唸：「黑兔」，如此一來便能與心儀的對象相戀。

[祈願] 戀愛

杜鵑鳥
宣告幸福的鳴叫

告知春天來臨的鳥。傳說聽見杜鵑鳴叫同時說出自己的願望，願望就會實現。鳥鳴若從右邊傳來則是獲得金錢的預兆。希望運氣好轉，可以模仿杜鵑的叫聲。

[祈願] 幸運

瓢蟲
飛往情人的方向

瓢蟲常與身穿紅色斗篷的聖母瑪利亞作連結。向訴說你的願望：「請告訴我未來的情人在哪裡？」瓢蟲會飛向未來情人所在的方向。看見瓢蟲暗示新戀情的到訪。

[祈願] 戀愛

羊
確實獲得報酬

神話中勇士們渴望獲得「黃羊毛皮」，因此羊也代表戰鬥後獲得的報酬。希望工作上獲得與努力等價的回報，可用羊毛做的東西來吸引金錢。

[祈願] 金錢

鴿子
促進與心儀對象的感情

象徵和平的鴿子向來能讓所有的人際關係圓滿順利。把羽毛作為護身符。在約會的時候看見白鴿，暗示你會與對方結婚。

[祈願] 結婚

蛇
促使人生蛻變

蛇因重複脫皮而象徵「蛻變」。期許自己退去現在的外皮，轉生為嶄新的自我，可把有蛇紋的物品當作護身符。

[祈願] 生活模式

烏龜
給予踏實過生活的能力

不疾不徐依照自己步調前進的烏龜是踏實的象徵。據信能帶來長壽。想得到健康安定的人生，可收藏烏龜造型的東西。

祈願 美麗與健康

蝙蝠
跨越徬徨與糾結

蝙蝠倒吊入睡教導人們「從不同的觀點看世界」。當內心徬徨不知所措時，想像自己成為蝙蝠，便能找到解決辦法。

祈願 生活模式

貓頭鷹
開啟直覺

與智慧女神雅典娜連結，能開發靈感與直覺的鳥類。當工作上有重大決策，在心中觀想貓頭鷹的樣子，就能做出正確判斷。

祈願 讀書與工作

獅子
讓自己更上層樓

萬獸之王獅子是授予個人魅力的導師。當你對自己沒自信，或無法發揮領導力，在心中描繪獅子的樣子，就能湧現力量。

祈願 生活模式

松鼠
帶來踏實的金錢觀

松鼠有儲存食物的習慣，能教導你如何處置金錢與物質。感嘆亂花錢、錢留不住時，可在身邊放一樣松鼠形象的物件。

祈願 金錢

天鵝
終結苦戀的魔力

傳說中宙斯曾經化身成天鵝與人類交歡。當你面對難以實現的戀情，可向天鵝祈禱奇蹟發生。

祈願 戀愛

鵜鶘
溫柔待人接物

鵜鶘象徵奉獻。傳說中鵜鶘會啄傷自己以血餵養幼鳥。希望自己在待人接物能體貼入微，可在心中觀想鵜鶘的樣子。

祈願 人際

鷲
逆風高飛昇華經驗

鍊金術裡鷲有「昇華」的意思。牠能讓現在的痛苦轉化成未來的好運。當你想像鷲在高空中翱翔的美麗姿態，煩惱也會變得雲淡風輕。

祈願 幸運

鯨魚
蛻變嶄新的自我

舊約聖經中約拿書提到約拿在像鯨魚的大魚腹中過了三天，獲得重生的故事。當你希望自己能重獲新生，可向鯨魚祈禱。

祈願 生活模式

豹
保護重要的人

希臘神話中百眼巨人阿爾戈斯與豹有重要的關聯性。他守護人類夥伴，因此擁有保護的力量。想守護重要的人時可用。

祈願 除魔

送子鳥
為親情加溫

象徵新生命，在主管生育與家庭的朱諾女神故事中出現。想穩固家庭和諧可以使用，必能感受到來自家人的關心與溫暖。

祈願 人際

熊
讓身心休息

歐洲相傳只要撫摸泰迪熊的腳，入睡就能做一夜好夢。由於熊會冬眠，渴望身心獲得休息可以觀想熊。

祈願 美麗與健康

鹿
帶來好的改變

鹿茸透過每年的重生會愈長愈美，且愈強韌。希望自己成長茁壯，可觸摸鹿。讓自己從舊思想或價值觀中解脫，重獲新生。

祈願 生活模式

蜜蜂
出人頭地的指引

在古埃及蜜蜂象徵「王位」。想在工作上獲得晉升或出人頭地，蜜蜂能幫助你一舉獲得你想要的職位。而且蜂蜜也很可口。

祈願 讀書與工作

狼
遠離人際糾葛

強大力量的圖騰，美洲原住民視為神的使者。同時也是非常重視夥伴的生物。擺放狼的圖像在身邊能遠離人際關係的糾紛。

祈願 人際

狐狸
向心儀之人施法

古代人認為狐狸會施展法術，以各種幻視來迷惑獵物，再予以捕抓。使用狐狸造型的物品讓人更擅於戀愛中的追逐。

祈願 戀愛

The Magic of Minerals

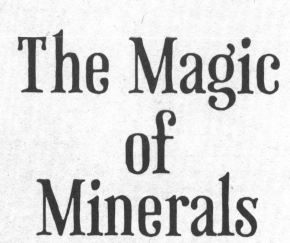

❧ 礦物魔法 ❧

【使用範例】

❋ 將礦物放在身邊
❋ 做成手環
❋ 凝視礦物照片

能瞬間虜獲觀賞者的心
擁有特別力量的礦石們

自古寶石的光彩奪目始終虜獲人們的心
時代的統治者為寶石的魅力傾倒，
唯有擁有它們才是「權力的證明」。
雖說如此，寶石本身對權力卻沒有直接的作用。
只能純「欣賞」。
但光是它的美就使人心動。

橘色的石頭連結太陽，白色的石頭連結月亮的說法，
其實來自「寶石因行星的能量而成長」的傳說。
換句話說，寶石是行星光輝的化身。
得到寶石也等於「將行星的能量占為己有」。

這個章節不只收錄與行星相關的礦石，
也介紹不少自古作為護身符的石頭。
在這一定能找到符合你願望的礦石。

白水晶
擁有最強的淨化力

擁有強大的淨化力，是作為護身符最有名的礦物。想保有自我原則不受他人影響時可用。此外放在室內可淨化所有負面能量。

祈願　除魔

海水藍寶
療癒心的疲憊，恢復精神

如春季海洋般的水藍色，擁有滋潤心靈的力量。疲憊的時候可放在枕頭邊入睡，能給予深層療癒。放在辦公桌上也能緩和壓力。

祈願　美麗與健康

藍寶石
達成殷切期盼的愛情

象徵「真誠的愛」。想與戀人結婚，或是想與心儀對象交往時可佩戴。能遠離外遇或背叛，帶來長久的幸福關係。

祈願　戀愛

紫水晶
保持絕對冷靜的判斷力

不受情緒波動影響，給予冷靜的思緒。被事情追著跑或很想逃離某個地方時可佩戴。紫水晶也有「不酒醉」的意思，能預防酒後頭痛和反胃等不適。

祈願　美麗與健康

祖母綠
傳達不掩飾的真實感受

高貴美麗的綠色寶石，是路西法成為墮天使前佩戴的寶石。能加速思考，給予看穿真相的能力。想向重要的人表白或坦誠事情時可用。

祈願　戀愛

縞瑪瑙
切斷關係

擁有斬斷孽緣力量的漆黑礦石。不得不與不懷好意的人或討厭的人見面前，放在口袋中，縞瑪瑙會給予保護。也能冷卻情慾，防止外遇。

祈願　除魔

蛋白石
獲取成功的彩虹之石

閃耀七種色澤的變彩效果十分美麗，能隨著擁有者的心情改變色澤。它能授予實現夢想的力量，正等待機會的人可每天佩戴。

祈願　幸運

石榴石
送給想永遠在一起的朋友

石榴石稱為「友情之石」。中世紀歐洲摯友間有互贈石榴石的風俗。想與某人結為莫逆之友，可將鑲有石榴石的飾品贈與他。

祈願　人際

紅玉髓
找回生命活力

紅玉髓是種帶著部分紅色的橙色礦石，也是先知穆罕默德手上的戒指。來自拉丁文「Carnis（肉）」的意思。在失去自信與幹勁時可回復精神。

祈願 生活模式

瑪瑙
遠離災禍的守護之石

古代作為預防自然災害的重要寶石。若擔心豪雨或颱風，可隨身佩戴瑪瑙，將有神聖的力量守護著你。能激發擁有者的自制與謹慎。

祈願 除魔

黃水晶
照亮通往財富之路

閃耀著黃色光芒，象徵「太陽」的礦石。它能召喚與同樣是黃金色的「金錢」，希望財運變好的人務必要收藏。同時也能帶來良好的人際關係。

祈願 金錢

粉晶
帶來戀愛能量的高峰

粉晶能提升戀愛能量，它使人渴望戀愛。長時間沒交男女朋友的人，可佩戴粉晶讓自己找回「談戀愛」的感覺。

祈願 戀愛

董青石
需要靈感

古代維京人作為羅盤使用的藍色礦石。提高直覺與洞察力，給予靈感。將董青石貼在額頭上必定有全新的靈感湧現。

祈願 讀書與工作

玉
用信念提升治癒力

印象中深綠色的玉自古被認為能治療疾病。將玉靠近虛弱或感到疼痛的地方，能感受到玉的治療能量。

祈願 美麗與健康

碧玉
身心虛弱時的護身符

歷史上碧玉曾作為藥物的替代品用於治病。在身體虛弱時使用能讓精神變好。面臨絕對不能生病休假的重要日子，務必要把它當護身符使用。

祈願 美麗與健康

綠松石
最可靠的旅伴

美麗的天空色讓綠松石有「天神之石」的美稱。能守護人生中所有的旅行。傳說只有「別人送的綠松石才有效果」，因此你可以與重要的人互贈綠松石。

祈願 除魔

鑽石
證明不變的愛

高硬度的鑽石也代表「勝利」，是締結永恆愛情的時刻不可或缺的礦石。傳說連惡魔也認可鑽石所擁有的價值。它能提升擁有者的自信。

祈願　結婚

托帕石
閃耀如火焰般的存在

在印度被稱為「火之石」，是光彩奪目的礦石，能彰顯擁有者的存在感，可作為項鍊佩戴。在晴天佩戴效果會更好。

祈願　人際

血石
越過試煉的難關

綠色染上如血一般的紅。外觀的色澤象徵「殉道者」。能在接受試煉時給予能量，適合無論如何都想達成目標的人。

祈願　生活模式

赤鐵礦
突發事件的替身

希臘文「Hema」有血的意思。能在主人危難時作為替身。無論是到危險的地方，或是希望躲過災禍，都能把它當成護身符。

祈願　除魔

橄欖石
以王者之力主導

明亮閃耀的綠色礦石，常作為皇冠上的裝飾。佩戴者被授予如國王般的領導力。想在人前掌握主導權時，可向橄欖石祈求助力。

祈願　人際

月光石
想建立愛與被愛的關係

擁有月亮力量的礦石，單純欣賞它的光澤就能感受到一股溫柔的氣質。能自然提升被愛的能量。適合情侶互贈，加強愛的羈絆。

祈願　戀愛

青金石
提升直覺，不徬徨

靛色上遍布金點，宛如夜空的青金石，自古認為能「招來好運」十分珍貴。擁有它就能排除困惑，知道自己要的是什麼，讓未來的道路明確。

祈願　幸運

紅寶石
讓人想起愛情的深紅色寶石

紅寶石的深紅色能激起人的熱情。在戀愛的關鍵時期或需要大膽自我表達時可當成護身符。特別是做成戒指戴在手上，就能攻陷對方的心。

祈願　戀愛

黝簾石
點燃對方的行動之火

若你對於「旁邊的人怎麼想，怎麼看自己」感到不安的話，黝簾石能消除這種不安。想在會議或談判中積極表現時可以把它當成護身符，讓你能說出有力的話語，影響他人。

祈願　人際

天河石
解除人際關係帶來的負面情緒

傳說來自希臘神話裡的「亞馬遜」女戰士族。不管遇到什麼對手，都能以自信的態度面對。適合與初次見面的對象，或討厭的人見面時佩戴。

祈願　人際

方解石
照亮陰鬱的心情

能化解負面情緒。當你糾結在一些小事，始終想不開，無法開朗起來時，可以凝視方解石。最好選擇顏色明亮的方解石。

祈願　幸運

白紋石
鎮靜湧上心頭的怒氣

白紋石有平撫怒氣的功用。一邊想著無法原諒的人，一邊摸著白紋石，那種憤怒感會慢慢平靜下來。隨身佩戴讓人更有耐心。

祈願　除魔

薔薇輝石
預防情人間的誤解

專司性能量的平衡。給予女人男性般的強悍，給予男人女性般的柔情。當你搞不清楚對方在想什麼，薔薇輝石會給你暗示。

祈願　戀愛

磷灰石
加速思考讓溝通力變好

來自希臘語「Apate」欺騙的意思。雖然還不到欺騙的程度，但能讓你機智巧妙地解決問題與人溝通。希望有更好的靈感時，也適合佩戴。

祈願　人際

螢石
加速理解力與學習力

擁有水藍色、綠色、紫色等漸層色澤的礦石。能提高智力，因此讀書或工作需要專注的時刻可擺放在身邊，以提升效率。也有提高記憶力的作用。

祈願　讀書與工作

紫鋰輝石
除去對人的恐懼

紫中帶有粉紅色的溫和礦石。療癒創傷、化解心防讓心向外敞開。找回對他人的信任與愛的感覺。

祈願　人際

綠柱石
凸顯自我

綠柱石擁有美麗而凜然的黃色光澤，能帶來競爭中勝出的強大力量。也讓激情不再的情侶重燃愛火。

祈願 戀愛

綠簾花崗岩
凝聚「復活」之力

深粉紅色與綠色交雜的礦石，能帶來所謂「再生」的能量。不論是糾結的人際關係、內心的創傷、身體不適等問題都能帶來再生的可能。

祈願 人際

髮晶
從自我厭惡中解脫

髮晶能解除自我厭惡的感覺。當你面對失敗與不斷受挫的自責時可用髮晶，便能找回正面情緒並自我接納。

祈願 除魔

蘇打石
提高協調能力

能提高協調能力。當你需要團隊合作或成為領導者，將蘇打石作為護身符，對任何人就能沒有隔閡地融洽相處，並取得他們的信賴。

祈願 人際

十字石
召喚幸運的精靈之淚

十字石的中央有兩塊水晶交錯，被稱為「精靈的十字架」。傳說精靈因聽聞基督的死訊而流下淚來，化作十字石。佩戴在身上會有好運造訪。

祈願 幸運

太陽石
太陽在心中閃耀

綻放如太陽般橘色光芒的礦石。能停止負面思考，轉換成正面開朗的心情。煩惱多、想很多的人最好戴一個在身上。

祈願 幸運

孔雀石
遠離並擊退所有災禍

讓人眼睛為之一亮的明亮綠色，擁有如孔雀羽毛般的花紋。尤其能保護兒童遠離災難，據說為主人擋災後會破裂。

祈願 除魔

貓眼石
黑暗中閃耀的金光「貓之眼」

擁有金黃光澤的寶石。在金綠寶石中唯有中間產生如貓的眼睛一般的貓眼光澤，才被稱為真正的貓眼石。它擁有特別的力量，是除魔最有效的護身符。

祈願 除魔

綠玉髓
跨出悲傷向前行

傳說是亞歷山大大帝長征隨身佩戴的寶石，只要佩戴就能得勝，掉落則會帶來不幸。它能讓人更堅強，克服心理創傷與失敗。

祈願 競爭

黃鐵礦
看見問題的本質

由於長得和黃金很像，英文別名為「Fool's Gold（愚人金）」。古希臘人將它作為打火石使用。它能幫助你看穿事情的真相。

祈願 讀書與工作

尖晶石
走出困境

尖晶石有各式各樣的顏色，總體來說都能帶人渡過危機。只要向尖晶石許願，它能給予人們擺解困境的力量與堅定的信念。

祈願 幸運

珍珠
帶來溫柔和諧的氣場

嚴格來說不算是礦物，是種取自海洋的珠寶。乳白色溫和的光澤能增添女性魅力。與月亮有深層連結，適合渴望家庭幸福的人。

祈願 美麗與健康

砂金石
吸引偶然的幸運

砂金石有「偶然」的意思。需要賭一把的時候能增強運勢，是賭徒非常喜歡的寶石。當你要挑戰抽獎或是抽籤時，可向砂金石借力。

祈願 金錢

琥珀
吸取太陽之力提升生命力

樹脂石化後的產物，日本名也是「琥珀」。古代人認為琥珀是夕陽滴出的液體落入海中凝結而成。能當作護身符，增強生命力。

祈願 美麗與健康

黑曜岩
從黑暗中浮出影像

日本名為「黑曜石」，遠古時代常被製成斧頭或箭。切割後的斷面映照出未來的影像，可作為水晶球的替代品，也適合冥想使用。

祈願 生活模式

矽孔雀石
家庭問題的解決

矽孔雀石能治癒問題叢生的人際關係。尤其適合正為家庭問題煩惱的人，將矽孔雀石擺放在家人常待的客廳，能產生和諧的氣氛。

祈願 人際

The Magic
of
Phenomena

❦ 自然魔法 ❧

【使用範例】

＊ 觀想自然現象
＊ 解讀自然現象帶來的意義
＊ 在現象發生當日施行魔法

將人類未知的偉大力量
納入魔法使用

吹風、下雨、落雷、地震。

無論哪種都是人類無法控制，

由某種「神祕力量」引起的自然現象。

人類對這股「神祕力量」抱持敬畏之心。

之所以發展出各種占卜或儀式，

其實都是為了預測，甚至是控制這些自然現象。

一方面，人們也認為這些自然現象是上天給予的「徵兆」。

例如：天空掛上彩虹，代表好事會發生。

大雨使河川氾濫，是因為招惹神明。

日食與月食則代表當權者的運勢不利。

當你遇上某種自然現象，

試著想想這是否是上天給你的某種徵兆。

有時候這會是能量特別強的時刻，

千萬別錯過施魔法的機會。

一定會有神奇的事發生。

雨
雨天是容易發展戀情的日子

雨是水，也是感情的象徵。雨天讓人對所有事物特別感性。相反的，這樣的日子也容易觸動浪漫情懷，而成為戀愛的機會。

祈願 戀愛

月光
避開不幸與災禍的神聖之光

月亮擁有擊退不幸與災禍的力量。一面看著月亮一面唱頌：「我賞月，月賞我。神守護月亮，也守護我。」就能得到神的守護。

祈願 除魔

風暴
反省人生的機會

風暴被認為是發生不幸事件的前兆。相反的，也能給予你「改變不可能改變之事的力量」。在暴風雨的日子裡，請好好回顧自己的人生。

祈願 生活模式

日落藍光
洗去心靈汙垢

日落後天空的深青色被稱為日落藍光，因為天色馬上會轉暗，能看見的時間極短。沉澱心情，反省一天下來發生的事，一面淨化心中各個角落。

祈願 除魔

風
解開內心的束縛

風有解開束縛的力量。當你被工作、人際關係壓得喘不過氣時，到屋外吹吹風吧。它能解開討人厭的束縛，讓你自由。

祈願 除魔

彩虹
掛在天上的幸運預兆

希臘神話中彩虹女神伊莉絲是帶來幸運的使者。看見彩虹是將來有好運造訪的預兆。但請不要用手指它，會帶來厄運。

祈願 幸運

雲
訊息藏在形狀裡

在大晴天突然有一片雲飄過來，是運勢改變的前兆，要小心意外的事件。有時偶然看到雲的形狀也帶有暗示。形狀看起來像龍或是天使則是吉兆。

祈願 生活模式

夕陽
讓對方陷入戀愛

夕陽能實現你的戀情。傳說在夕陽時分向喜歡的人告白比較容易成功。天空的顏色愈紅能激起愈高的熱情。

祈願 戀愛

冰晶
看見冰晶獲得幸福

水蒸氣結成冰的結晶，受到日光照射形成所謂的鑽石塵。閃耀的光芒宛如鑽石光彩奪目。傳說光是看到冰晶，好運就會造訪。

祈願 幸運

彗星
為人類祈福

古人認為彗星的出現多半會帶來饑荒、瘟疫與戰爭等重大災難。當彗星出現時請為地球的和平祈福。你的願望將帶來和平。

祈願 除魔

日食
從陳舊中蛻變

太陽代表「自我」，日食時太陽變黑也象徵自我的蛻變。身邊放一張日食的照片，能為自己帶來蛻變的機會。

祈願 生活模式

超級月亮
發揮月亮魔法的極限

超級月亮發生在月球軌道與地球最近的幾個時間點上，有新月和滿月。是重大的轉折點，非常適合許願。

祈願 幸運

雷電
在內心激起火花帶來嶄新自我

雷代表天啟或變化。想捨去舊的價值觀與想法，做完全的蛻變可向雷電借力。在閃電落下的瞬間許願，期許新的改變降臨。

祈願 生活模式

龍捲風
解放糾結的旋風

龍捲風毫無疑問是麻煩與混亂的象徵。想打破僵固無用的無聊自尊，以及自我欺騙，觀想一陣龍捲風，讓它解開你的束縛與固執。

祈願 生活模式

月食
放開心中的負能量

月亮代表情感，而月食讓月亮缺角，讓人放開過去捨不下的負面情感。觀想憎恨、不安、焦慮和嫉妒全都消失在漆黑的夜空中。

祈願 除魔

流星
明白真正的願望

自古流傳著，只要看到流星馬上許三個願望就會實現。這也是為什麼塔羅牌中「星星」牌象徵「希望」的意思。當人生失去目標，試著觀想流星。

祈願 幸運

霧
從無意識困惑中覺醒

霧讓視野變差，也象徵無意識中的困惑。在濃霧的日子裡，盡量避免做重大決定。相反的當霧慢慢散去，煩惱之事也會浮上台面，要做好心理準備。

祈願　除魔

冰雹
檢視內心是否化為冰雹

冰象徵冷淡。冰雹是大量的冰從天而降，暗示幹勁與熱情的低迷。反省自己，找回人際關係中的同理心與誠意。

祈願　人際

極光
提升靈性的神祕面紗

在夜空中升起的魔幻光幕，是十分罕見的好運預兆。能提高五感與直覺力，希望潛藏在體內的靈性覺醒，可在家中擺放極光照片。

祈願　生活模式

月虹
月夜的彩虹是幸運之橋

夏威夷人認為月虹的出現代表祖靈的喜悅，是最崇高的祝福象徵。遇上各種家庭問題，或有結婚相關的願望，可擺放月虹的照片來祈願。

祈願　結婚

雪
向淨化一切的白雪許願

能覆蓋汙濁的白雪象徵淨化與蛻變。想從過去的錯誤與失敗重新出發，或想重新展現個人魅力時，看到降雪則代表能向下一步邁進。

祈願　除魔

銀河
與重要的人再次相見

夏季廣布於夜空的星河。想與舊情人重修舊好請向銀河許願。也能向情人以外的重要的人傳遞思念，促成再次相見的機會。

祈願　生活模式

天使階梯
帶來榮耀的天使給予的啟示

從雲縫中傾瀉而下的陽光被稱為「天使階梯」，象徵榮耀與名譽。希望事業成功、出人頭地、各方面的提升，可在心中想像天使階梯。

祈願　讀書與工作

春一番
帶來變化的一陣風

代表季節轉變的強風，暗示僵固與束縛被解開。在春一番的強風吹起的時刻，想像過去的執著全都隨風消散。

祈願　除魔

月亮盈虧

不光是潮汐變化，地球上所有的生命體或多或少都受到月亮的影響，這是件非常神奇的事。月亮在完全漆黑的夜空中探出頭，隨著日子逐漸圓潤成為滿月，再慢慢地變小形成新月，這樣的盈虧現象好比動植物的一生，讓人類更容易明白所謂的「自然循環」是怎麼一回事。特別是新月、滿月、上弦月、下弦月這四個月相正好是月亮與太陽形成特別角度的日子。在這些日子施魔法會有特別的力量。

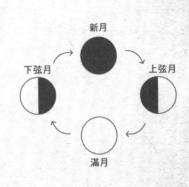

● 新月　充滿開創能量的好時機

太陽與月亮重疊的日子是新月，因此這天看不到月亮。由於這天是月亮盈虧週期的「起始日」，因此有著非常強大的能量。「新月許願」的熱潮也是利用這股力量來運作。想「開始任何事」、「展開新行動」，這類魔法都能在新月施行。戀愛則可以許「邂逅真命天子」之類的願望。

祈願 幸運

○ 滿月　事物接近「完成」的日子

太陽與月亮呈一百八十度對角，月亮完全受太陽光照射形成圓月的日子。是月亮最飽滿的時期，有著強大的能量，也是新月許下的願望「達成」的時期。滿月這天感情比較高漲，戀愛成功機會高。但接下來月亮開始變小，因此不適合開展新計畫。

祈願 戀愛

◖ 上弦月　迅速「成長」的時期

太陽與月亮呈九十度直角，月亮呈現半圓稱為上弦月。是持續成長豐滿的能量，氣勢高漲的月相。因此關於「成長」、「變多」之類的願望推薦在這天許願。像是：學習知識、存在感與魅力上升、成績與業績成長等。戀愛方面則可許「與心儀對象情感變好」。

祈願 讀書與工作

◗ 下弦月　調整修正所有的事物

太陽離開月亮到九十度的位置是下弦月。在月亮逐漸變小，力量逐漸減弱的時期開展新事物，很快就會後繼無力而失敗。雖是如此，卻很適合放下不必要的東西。像「減肥」、「放下糾結」、「放下關係」等包含這類願望的魔法，都很適合在當天施作。

祈願 除魔

The Magic of Constellations

❧星座魔法❧

【使用範例】

✳ 請該星座的人協助
✳ 用筆或手指寫下星座符號
✳ 找出夜空中的星座向它許願

將地上的星辰與天上的星辰
雙雙編入魔法

「向星星許願」
顧名思義星辰是祈願的對象，是不可缺少的要素。

占星中常見的「12星座」也是其中之一。
試著記下周遭朋友的星座，會相當有用。
因為當你在許願的時候，
就能清楚的知道該向誰借力。
換言之，「那個星座的人」會成為魔法的象徵物件。
即是所謂「地上的星辰（人間的星辰）」。

本章節會多介紹「托勒密36星座」。
這些都是從古至今一直被使用的星座，
有著各種神話和傳說故事。
查查看符合你願望的星座吧，
務必抬頭仰望天際。

♈ 牡羊座 （ 季節與方位
 12月 南方 ）

金光閃耀的勇氣與自信

12星座第一棒——牡羊座。沒有人能跑得比牡羊座的人還快，牡羊座身上有一股「領先眾人率先發難」的力量。他們絲毫不畏懼未知的事物，面對任何事都會身先士卒。當你準備挑戰新的領域而裹足不前，向牡羊座的人借力吧。

牡羊座的相關傳說可見希臘神話中英雄伊阿宋大戰惡龍取得「金色羊毛」的故事。

從傳說故事可了解：勇敢挑戰比自己更強大的事物，以及為取得渴望事物戰鬥的氣魄，正是牡羊座能給我們的力量。

該星座的人給你的幫助

牡羊座好比少年漫畫的男主角，遇到危險反而能激發鬥志，更積極向前衝刺。當你面對想要的東西，卻因為害怕失敗而退縮時，將身邊牡羊座的朋友當作範本吧。

祈願
生活模式、競爭

♉ 金牛座 （ 季節與方位
 1月 南方 ）

縮短與心儀對象的距離

傳說眾神之王宙斯愛上腓尼基公主歐羅巴，為了接近她化身為公牛。

金牛座對自己「渴望」的事物有非常深的執著，這執著的對象不只是「事物」、有時也針對「人」。戀愛上，金牛座總能堅持到最後獲得他想要的。容易放棄無法堅持的人很需要如金牛座那般的「耐力」。

此外金牛座很會享受人生。由於身體五感十分發達，他們能充分以全部的感官去享受這世上所有美好的事物。如果你渴望更加享受生命，會需要金牛座的能量。

該星座的人給你的幫助

金牛座喜歡聽好聽的音樂，品嚐美味的食物這類刺激感官的享受。如果你每天忙得昏頭轉向，過著索然無味的生活，多向身邊的金牛座學習吧。

祈願
金錢、戀愛

Ⅱ 雙子座 (季節與方位 3月 南方)

增強溝通力

兩顆星並列相互閃耀的雙子座，其神話來自一對兄弟。流著人類血液的哥哥卡斯托以及流著神的血液而永生的弟弟波魯克斯。這對兄弟能為所到之處帶來溝通與交流。因此雙子座能帶來和「傳遞」、「語言」相關的能量。無論原本是什麼星座，當你需要在人前演說，書寫文章時，可向雙子座祈禱，並借助雙子座的力量。

該星座的人給你的幫助

雙子座的人充滿好奇心且擅長社交。無論對方是誰都能毫不羞澀，輕鬆地與人交談。因此一個團體中只要有一個雙子座的人在，場面馬上就能熱絡起來。需要大家一起做事的時候，可以先找雙子座下手。

祈願
讀書與工作、人際

♋ 巨蟹座 (季節與方位 3月 南方)

找到屬於自己的位置

巨蟹座來自神話英雄海克力斯與九頭蛇海德拉的大戰，被九海德拉助威的巨蟹被海克力斯踏死後成為巨蟹座。從這個傳說可以理解，巨蟹座十分重視夥伴關係，當你需要互相幫助的夥伴時，可向巨蟹座借力。

此外，文藝復興時期的學者認為

「人的靈魂在星空中是透過巨蟹座轉生到地上」，因此巨蟹座又象徵母親與家庭。當你需要確保自己在團體中的位置，或是想增加與家人相處的時光，只要向巨蟹座祈求，所有與家有關的煩惱都能解決。

該星座的人給你的幫助

巨蟹座以它堅硬的甲殼守護家人和重要的人。反之則會冷酷地攻擊他的敵人。我們該向巨蟹座學習那股珍惜他人的強韌。若有關於家庭或家人的煩惱，很適合找他們討論。

祈願
家庭、人際

♌ 獅子座 （ 季節與方位
4月 南方 ）

在靈魂中注入萬獸之王的自信

獅子座來自海克力斯接受「十二項試煉」的神話故事，涅墨亞之森的獅子也是海克力斯的第一項試煉，獲勝後海克力斯將獅皮披在身上作為戰利品，因此獅子座是象徵「自信」與「尊嚴」的星座。常覺得自己沒什麼了不起，自卑感重的人可向獅子座借力。

作為萬獸之王，獅子座也樂於沐浴在眾人的關注當中。當你喪失自信，觀想星空中閃耀的獅子座吧，必定能喚醒那個藏在你心中，令人敬佩，備受注目的資質以及魅力。

該星座的人給你的幫助｜獅子座無時無刻都希望獲得關注。不管是在人前表現自己或炒熱氣氛都是他們熱衷的事，有活動或派對務必邀請他們。獅子座會以身作則「引領眾人同歡」，並告訴你這件事的重要性。

祈願｜生活模式、人際

♍ 處女座 （ 季節與方位
6月 南方 ）

無懈可擊的執行力

在處女座的指尖上有顆夜空中分外明亮的一等星──角宿一。它看起來像是麥穗，有人說處女座是大地女神狄蜜特的化身。祂是世上所有生命所侍奉的女神，掌管所有生物的歸屬，讓萬事萬物不停地運行。處女座是世界秩序的守護者，也是追求「完美」的星座。如果你過著散漫的生活，工作上也常出錯，可向處女座借力。

該星座的人給你的幫助｜處女座做事認真謹慎，再小的問題都逃不過他們的法眼，會明確指正他人的失誤。想解決身邊的問題，可請處女座給予具體的建議。

祈願｜讀書與工作、美麗與健康

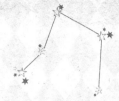

♎ 天秤座 (季節與方位 7月 南方)

指引正確答案的天秤

天秤座是正義女神阿斯特賴亞手拿的天秤，是相當重視萬事萬物「平衡」的星座，無論發生任何事，小盤子一定會安然地懸掛在天秤的兩端。換而言之，他們相當重視「和諧」。當尷尬的時刻，總能說出緩和氣氛的話，當眾人偏袒一方時，他們會站在少數派那邊。如果你不擅於交際又不會察言觀色，非常需要天秤座的能量。

在任何情況都能保持公正客觀的判斷也是天秤座的特質。若你容易受好惡左右態度，或因感情用事而失敗，務必向天秤座借力。

該星座的人給你的幫助

天秤座擁有客觀評估自己與當下狀況的能力。因此一直有良好的時尚品味。如果不知道什麼適合自己，務必向天秤座求教。

祈願
生活模式、人際

♏ 天蠍座 (季節與方位 7月 南方)

看穿真相，找到自己的定位

是夏季代表的星座之一，發出紅色光芒的心宿二是天蠍座的心臟。神話裡天后赫拉為了懲罰巨人俄里翁的傲慢，派了一隻蠍子奪走他的性命。因此天蠍座的人天生擁有看穿事物關鍵點的能力，例如擅長掌握對話的核心，或是一頭栽進某件事後抓住訣竅，在戀愛上甚至能發出瞬間擄獲人心的魅力。

如果你的人生一直在走冤枉路，做什麼都只有皮毛，朋友戀人都無法深交，那麼試著向天蠍座借力看看，一定能散發出更沉著可靠，不輕言承諾的氣質。

該星座的人給你的幫助

天蠍座是用情至深的星座。他們為愛人奉獻所擁有的一切，毫不保留的接納對方性格上的優點與缺點，每場戀愛都談得刻骨銘心。因此戀愛問題可以找天蠍座討論。

祈願
戀愛、讀書與工作

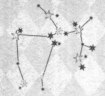

♐ 射手座 (季節與方位 9月 南方)

永遠向更遠的目標看

射手座的形象來自半人馬的凱隆，他是古老半人馬族的國王。在剽悍凶暴的人馬族中，凱隆是位精通醫術、天文、音樂與教育的全能國王，擁有高尚的人格。凱隆拉弓看向遠方的姿態象徵追求目標與理想的力量。

如果你希望提升自己的能力，可向射手座借力。射手座能不斷透過精神旅程成長學習。在過程中發掘「生命的意義」與「什麼是幸福」這類抽象的答案。

該星座的人給你的幫助

射手座擁有強烈的求知精神與行動力，想到什麼做什麼。討厭被規則與限制束縛，喜好追求自由。他能打破所有裹足不前，讓你看到嶄新的自己。

祈願
生活模式、幸運

♑ 摩羯座 (季節與方位 9月 南方)

一步一腳印的努力，帶來成功

摩羯座是擁有二千年以上歷史的重要星座，它位於冬至點，而這天也是太陽重新取回力量的重要時節。

這裡的摩羯，並不是那種悠閒在草原上的山羊（譯註：日文中摩羯座名為山羊座）。而是在險峻峭壁上努力不讓羊蹄滑落，奮力向上爬的山羊，他們主張禁慾主義並努力不懈，

而且擅長規劃。畢竟在山坡上漫無目的地遊走絕對到不了山頂，需要事前的準備與周詳的計畫。

對於做什麼都很快放棄的人，或光做夢不行動的人來說，摩羯座的能量是必要的。將摩羯座的符號寫在記事本裡，能變成守護計畫順利達成的護身符。

該星座的人給你的幫助

摩羯座有股絕不被困難擊倒的堅毅。當他訂立目標，在達成目標前會刻苦耐勞不斷地努力。當你感到沮喪，想逃避問題，找摩羯座的人陪伴你一同努力，好好面對試煉。

祈願
生活模式、讀書與工作

≈ 水瓶座 （季節與方位 10月 南方）

獲得自由發想能力

水瓶座的形象來自美少年蓋尼米德手上的酒壺，而蓋尼米德是眾神之王所迷戀的少年之一。好色的宙斯周旋於精靈、人類、女神之間，對蓋尼米德也一往情深，表現出水瓶座那種不被規範與道德束縛的一面。

如果你受「非得遵守規則不可」的想法限制，什麼事都做不了。或者憧憬那些大膽行動的人，觀想夜空中的水瓶座，或是想像天上那位高冷美少年的身影。從不同的角度看自己，說不定就能浮現過去想像不到的答案。

該星座的人給你的幫助

不隨波逐流的水瓶座擁有獨特的思考模式。當你覺得思考停滯又需要新的點子，找水瓶座的人聊聊天，他能讓你茅塞頓開，帶來全新的靈感。

祈願
生活模式、讀書與工作

♓ 雙魚座 （季節與方位 11月 南方）

不會斷開的牽絆

神話裡愛情女神艾芙洛蒂與兒子厄洛斯因遭受怪物的追擊化身為魚逃脫，而連結在一起的兩條魚便成了雙魚座的形象。由這故事我們瞭解雙魚座的課題與愛有關。當你希望與所愛之人身心合而為一，請向雙魚座祈禱。

雙魚座也是黃道十二宮裡最後一個星座。他們能為他人放下至今一切所得，全心全意地投入。雖然容易受傷，卻有包容一切的強大能耐。希望進一步深化關係很適合向雙魚座祈求。

該星座的人給你的幫助

雙魚座不會懷疑任何人，往往會先選擇相信。看見這般純潔無瑕的心，連自己都感覺被淨化。當心中充滿負面情緒時，雙魚座的人便是綠洲般的存在。

祈願
戀愛、人際

COLUMN.2

由天生星座決定的
相處規則

　　十二星座可以性質分成幾組，這個分類也大大影響各星座的人相處上的契合度。

　　什麼人可以激發行動力與潛能，什麼人容易發生衝突，什麼人能成為榜樣或帶來好的刺激，這些若事先瞭解，想必能避免不少麻煩的事。或者為了完成某項計畫，在「預先布局」時也能成為很好的參考。

　　雙親、朋友、同事、情人……為了讓人與人之間產生好的「化學變化」，事前確認身邊的人是什麼星座吧。

☆ 星座查詢表

牡羊座	3/21～4/19日生
金牛座	4/20～5/20日生
雙子座	5/21～6/21日生
巨蟹座	6/22～7/22日生
獅子座	7/23～8/22日生
處女座	8/23～9/22日生
天秤座	9/23～10/23日生
天蠍座	10/24～11/22日生
射手座	11/23～12/21日生
摩羯座	12/22～1/19日生
水瓶座	1/20～2/18日生
雙魚座	2/19～3/20日生

☆ 十二星座天宮圖

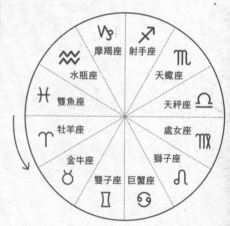

Rule:1 拿前一個星座的沒轍

十二星座的順序是一部「靈魂成長計畫」。牡羊座宛如「剛出生的嬰兒」，金牛座以「感官認識世界」，雙子座「擁有好奇心並使用語言」，巨蟹座「對所愛之人的依戀」……依這樣的順序發展。

正因如此，人們往往有種「敵不過」前一個星座的感覺，會不自覺地照著前一個星座所講的話做，總覺得只有自己在為對方設想。看到「上一個自己」，一方面覺得有點受不了，另一方面又很想回到那種純真的狀態。

從自己的星座開始向前數第8個星座，這個星座對你而言代表「死亡」。由於對方在優位，所以一定要「殺死」自己。跟這個星座的人相處起來會覺得煩躁，但透過磨合瞭解彼此，長久下來也能樂在其中。

Rule:2 容易與180度對角的星座成為敵人

將十二星座排成圓圈，也就是如左頁那樣放在天宮圖來看，與你的星座在對角（180度）的星座，會讓你特別在意，可能是喜歡也可能是討厭。

試想十二星座坐在一個圓桌會比較好理解，你可以很清楚看到正前方的人一舉一動，無意中就會特別在意。

此外相對的星座各自有相反的管轄範圍，如牡羊座（主觀）與天秤座（客觀），金牛座（自己）與天蠍座（他人），雙子座（鄰近）與射手座（遠方），巨蟹座（家人）與摩羯座（社會），獅子座（獨特性）與水瓶座（普遍性），處女座（實際）與雙魚座（夢），難免會互相反感。即使如此，對方畢竟擁有自己所沒有的東西，不應去敵視他們，而是學習他們的特質使自己成長。互相瞭解彼此的缺點也能有長久的關係。

Rule:3 給你幫助的是隔壁第四個星座的人

　　十二星座中性格「最適合」的類型。天宮圖中與你的星座隔壁第四個星座的人。在三分相（120度）上的星座夥伴是分屬於火、土、風、水四個組別，稱為「四元素」。

　　每個組別代表一種不同的「價值觀」。火象星座是「直覺」，土象星座是「感覺」，風象星座是「思考」，水象星座是「感情」。換言之，即使看到同一個景致，最開始的切入點也會因元素的組別而不同。反之價值觀相同，對事物的優先順序也會一樣，容易有共識。就像大家一起坐在圓桌上，當你發言時會：「沒錯，沒錯」贊同你意見的人。在一起不會有矛盾與衝突，很容易相處，但也會有共同的盲點。

火象星座
（牡羊座·獅子座·射手座）

這組人比起思考，往往更重視靈光乍現的「直覺」。例如交通事故發生當下，看到狀況「一定是酒駕」的靈感會出現，馬上察覺到原因。比起左思右想、分析數據，他們傾向依據本能判斷，再行動。

土象星座
（金牛座·處女座·摩羯座）

這組人重視眼睛、耳朵和手等感官帶來的「感覺」。例如交通事故發生時會明確記住車輛顏色或車號。喜歡有形體的東西以及有價值的東西。傾向依據事物的優缺點判斷。

風象星座
（雙子座·天秤座·水瓶座）

重視「訊息與思考」的組別。例如交通事故發生時，會冷靜判斷「必須馬上叫救護車」的類型。能縱觀整個情況作出如第三者般的分析。比其他各組更重視客觀、邏輯整合。

水象星座
（巨蟹座·天蠍座·雙魚座）

重視喜怒哀樂「感情」的組別。例如在交通事故發生時，能同理受害者，容易有痛感的類型。喜歡還是討厭，開心或不開心是他們的判斷基準。是重視共鳴的組別。

Rule:1 與隔壁第三個星座的人容易發生衝突

在天宮圖中相隔三個星座成四分相（90度）關係的星座較容易發生衝突。好比當大家坐在圓桌上，不管你說什麼他們都會反對或是插話進來打斷你。

西洋占星術中把相隔90度的四個星座分成一組，一共三個組別。被稱為「三態」，同態裡會有相同的行動特質。基本宮有「開啟事物」的特質，固定宮有「維持事物」的特質，變動宮有「改變事物」的特質。

很多人無法理解為什麼同個組別會相互排斥，其實仔細觀察同組內有四個不同元素的星座。正因為在同一條路（相同的行動模式）上相遇，基本想法（價值觀不同）卻迥然相異，自然而然會吵起架來。

基本宮
牡羊座・巨蟹座
天秤座・摩羯座

擁有「開啟事物」特質的組別。以季節來分的話正好是春分、夏至、秋分、冬至四個節氣，擔任春夏秋冬的「開頭」。因此擁有發起事物的機動性與積極性，但行動效能無法持久。往往能幫事情起個頭，卻很快熱情耗盡。

固定宮
金牛座・獅子座
天蠍座・水瓶座

擁有「維持事物」特質的組別。由基本宮開啟的季節來到能量「最頂盛」的時期，他們將能量放在讓事物「繼續」或「推向顛峰」。因此比較不知變通和頑固，耐心與意志力是常人的一倍。

變動宮
雙子座・處女座
射手座・雙魚座

擁有「改變事物」特質的組別。基本宮開啟季節交由固定宮繼續下去，最終由這個組別做「改變」移動到下個季節去。該組的星座擅於臨機應變，因此說出的話會變來變去，很難維持一個核心準則，卻有傾聽不同意見的柔軟。

仙女座
（11月 天頂）

美麗與愛情兼得

形象來自伊索比亞公主安朵美達。作為獻祭品時被英雄柏修斯所救，並成為他的妻子。其母曾誇口表示：女兒比仙女更加美麗。希望同時獲得愛情與美麗，可向此星座借力。

祈願 **美麗與健康**

天鷹座
（9月 南方）

瞬間讓對方成為俘虜

為了帶走一見鍾情的美少年蓋尼米德，宙斯曾化為一隻老鷹。當你無法抑止將喜愛之人占為已有的衝動，向天鷹座借力，將會做出意想不到的大膽行動，俘獲其芳心。

祈願 **戀愛**

天壇座
（8月 南方）

增加向心力成為夥伴

天蠍座下面的星座。當神與巨人族展開戰鬥之際，眾神在天壇下同盟起誓。當工作需要團隊合作時，天壇座能增加同伴間的向心力，並填補合作不足之處。

祈願 **人際**

南船座
（3月 南方）

激發旅行所需的冒險欲

來自神話中乘載眾英雄的阿爾戈號。船上的英雄們為了尋求夢幻至寶「金黃羊毛皮」踏上旅程。舉凡搬家、升學、換公司，想在新世界獲得成功時適用。

祈願 **生活模式**

御夫座
（2月 天頂）

化危機為轉機

火神赫菲斯托斯與智慧女神雅典娜的兒子埃里克托尼奧斯。腳雖不良於行，但發明了四頭馬牽動的馬車而得御夫座之名。若向該星座借力，能將危機化為轉機。

祈願 **幸運**

牧夫座
（6月 天頂）

成為幕後功臣

牧夫座的形象來自泰坦巨人阿特拉斯。泰坦之戰敗退後巨人多數被幽禁在地底，其中阿特拉斯被留在地上支撐天際。希望工作上獲得好的評價可向牧夫座祈求，讓你的努力被上級看見。

祈願 **讀書與工作**

仙后座
（12月 北方）

冷卻欲望

形象來自衣索比亞王后卡西奧佩亞。因炫耀女兒的美麗而得罪神祇。當你覺得自己流於虛浮、自大，把該星座寫在掌心。就能回歸謙卑與冷靜。也能防止浪費。

祈願 除魔

半人馬座
（6月 南方）

取得冷靜和熱情間的平衡

半人半馬形象的半人馬座教導人們取得「知性」與「本能」間的平衡。太興奮時需要冷靜，冷漠時需要熱情⋯⋯想取得內心的平衡，都可以觀想半人馬座。

祈願 生活模式

仙王座
（10月 北方）

在談判中取得領導地位

形象來自衣索比亞國王克甫斯。是西元前六世紀就為人所知的古老星座。在大場面想取得主導權時可以呼喚仙王座。能增加發言的力道，讓事情如願。

祈願 人際

鯨魚座
（12月 南方）

驅策怪物獲取所需

海神為了襲擊衣索比亞公主所派遣的怪物化為鯨魚座。當你傾盡一切都想獲得某樣東西，只要向鯨魚座借力一定會得手，但要有心理準備得付出代價。

祈願 幸運

大犬座
（2月 南方）

獲得一生的摯友

自古狗就是人類忠誠的夥伴。如果你想要信念一致的好友或伴侶，向大犬座中最亮的天狼星訴說願望，上天會聽見你的請求。

祈願 人際

小犬座
（3月 南方）

以刺激促進關係發展

小犬座傳說是獵戶座的獵犬。獵犬通常會緊緊咬住東西不放。當熱情冷卻陷入一成不變，向此星座祈求，兩個人之間會發生一些事來促使感情更加緊密。

祈願 戀愛

南冕座
（8月 南方）

努力獲得回報 提升評價

射手座凱隆頭上戴的冠冕，代表榮譽與功勳。向此星座祈求能將至今的努力都化為具體成果，甚至能獲得「加冕」。想在學業或工作上得到好的評價時可用。

祈願 讀書與工作

北冕座
（7月 天頂）

放下舊愛尋求新戀情

酒神戴歐尼修斯與阿里阿德涅結婚時愛神艾芙洛蒂贈與的冠冕。能療癒失戀的傷痛，還能將原有的美麗放大，提高新戀情造訪的可能性。

祈願 戀愛

巨爵座
（5月 南方）

如交杯酒般的共識

教導人類造酒的酒神戴歐尼修斯所持的酒爵。也是傳說中盛著耶穌之血的聖杯。這個星座據說能增進人與人之間的共鳴。在人際溝通有煩惱時可向該星座祈願。

祈願 人際

烏鴉座
（5月 南方）

帶走戀愛的阻礙

來自太陽神阿波羅所使喚的烏鴉。由於烏鴉妨礙了阿波羅與科洛尼斯的戀情，阿波羅一怒之下將牠拋向天際成為星座。當你的戀情出現阻礙時向該星座祈禱，阻礙將會從二人的眼前消失

祈願 戀愛

天鵝座
（9月 天頂）

提升關係的層次

宙斯愛上王妃勒達，化身白天鵝讓勒達以身相許，也使宙斯將愛意傳達給她。當你想向所愛之人告白，請向該星座祈禱，能使兩個人的關係邁向下一個階段。

祈願 戀愛

海豚座
（9月 南方）

遠距戀人的邱比特

海神波塞頓與安菲特里忒之間的戀愛推手。當你很難與意中人見上一面，或單戀沒有進展。向該星座祈禱，將有偶然的機會拉近兩人的距離。

祈願 戀愛

天龍座
（8月 北方）

取得巨大的工作成就

不睡覺守護金蘋果的巨龍雖然被海克力斯打敗，但那份強大卻被傳說記錄下來。面對重要工作時，向該星座祈禱，能將實力發揮到極致，取得成功。

祈願 競爭

小馬座
（10月 南方）

如小馬般輕快

小馬座在飛馬座附近，傳說是天馬佩加索斯的弟弟瑟雷利斯。能給予如小馬般輕快的能量。要開始一件新計畫卻躊躇著：「不知道該怎麼……」這時它能讓你的腳步更輕盈。

祈願 生活模式

波江座
（1月 南方）

停滯的狀況重新流動

太陽神的兒子法厄同跌落的厄里安諾斯河。代表大自然的流動，當狀況不如預期時觀想這個星座，停滯的能量會再次流動。

祈願 生活模式

武仙座
（8月 天頂）

克服難關的動機

宙斯之子海克力斯的姿態。海克力斯受到宙斯妻子赫拉的考驗，接受了十二項試煉。當你接受試煉快被擊倒時，透過這個星座向海克力斯借力，讓內在的能量湧現。

祈願 生活模式

長蛇座
（4月 南方）

展現絕不放棄的頑強

形象來自海克力斯擊敗的沼澤怪物海德拉。長蛇有九顆頭，切斷後會馬上再生。當你要再次挑戰過去的問題，向長蛇座祈禱，能增強耐受力。

祈願 生活模式

天兔座
（2月 南方）

沒有上限不斷增加的金錢

形象來自萊羅斯島大增繁殖的兔子。兔子大量繁殖是「豐盛」的象徵。將該星座畫在紙上隨身攜帶，財富會像兔子一般不斷擴增。等你察覺時存款已經大幅增加。

祈願 金錢

豺狼座
（7月 南方）

喚醒野性的本能

狼象徵動物的野性本能。當一個人習慣扮演好孩子而無法表達欲望，可向該星座借力，得以捨棄過多的思慮，追求真正想要的東西。只要有這樣的勇氣，沒什麼得不到。

 祈願 競爭

天琴座
（8月 天頂）

喚醒音樂潛能

形象來自智慧之神赫密士的作品，名為里拉的豎琴。里拉被贈與偉大的歌手奧菲斯，演奏過讓眾人動容的音樂。希望挖掘音樂相關的潛能，可將該星座視為守護星。

祈願 讀書與工作

巨蛇座
（8月 南方）

永不衰老的青春美麗

蛇夫座的一部分，托勒密將它獨立成一個星座。蛇因為會脫皮被視為擁有重生與不死的能力。不敵歲月摧殘，想永保青春可向此星座借力。

祈願 美麗與健康

獵戶座
（2月 南方）

帶來自信與幸運的三顆星

擁有三顆閃耀行星的獵戶座，由於生性自大受到眾神的懲罰而成為星座。獵戶座擁有自戀般的信心以及強大的能量，希望戀愛與工作都能無往不利，可在夜空中找找這個星座。

祈願 生活模式

飛馬座
（10月 天頂）

向理想奔馳的天馬

帕修斯拯救安朵美達公主時騎乘的雙翼馬，名為佩加索斯。翱翔天際的佩加索斯是自我提升的象徵。當你不甘現狀，希望向上提升，天馬座授予你強大的意志。

祈願 讀書與工作

英仙座
（1月 天頂）

守護至親好友的力量

形象來自擊敗戈爾貢怪物的英雄帕修斯。他心地善良守護弱者。想要守護家人或親近的人，向該星座祈禱，便能獲得帕修斯的加持。想保護某人的心情愈強烈，就能得到愈多力量。

祈願 除魔

南魚座
（10月 南方）

淨化混沌的心

愛神艾芙洛蒂化身成魚在河中悠游的形象。像河水一樣擁有淨化力與靈力。痛苦的時候向天空畫上這個星座符號，便能洗去困惑與焦慮的心情。

祈願 除魔

蛇夫座
（8月 南方）

愈反對愈激發熱情

蛇夫座的形象來自偉大的醫生阿斯克勒庇俄斯。眾神因為害怕阿斯克勒庇俄斯那起死回生的能力，便殺死了他。當你要挑戰過去沒人成功的事，向它祈禱就能獲得獨排眾議的強大力量。

祈願 勝敗

天箭座
（9月 南方）

點燃愛火的愛情箭

形象來自愛神邱比特射箭的模樣。希望與心儀的人陷入戀愛可以向該星座祈求，邱比特知道你的心意後，會用愛情的箭射向對方的心。當你對某個異性一見鍾情，如閃電般陷入戀愛，多半是拜愛情箭所賜。

祈願 戀愛

三角座
（12月 天頂）

獲得協助達成目標

大地女神狄蜜特請宙斯以三顆星星做成的星座。美麗的形態能帶來和諧的能量。與同伴著手一件新計畫時，向該星座祈禱，能讓團隊同心協力，事情順利進行。

祈願 人際

大熊座
（全年 北方）

防止不忠與變心

宙斯愛上月亮女神阿提米絲的侍女卡利斯托，妻子赫拉因此大為不滿，將卡利斯托變成大熊。為了保護目前的關係，不讓自己或另一半出軌，可向該星座借力。

祈願 戀愛

小熊座
（全年 北方）

照亮前進的道路

小熊座中包括不動星——北極星在內。作為旅人指標的北極星也能給予人生道路的指引。當你被困惑與不安追著跑，趕快在掌心畫上小熊座的符號。

祈願 生活模式

The Magic
of
Colors

❧色彩魔法❧

【使用範例】

✳ 身穿該色的衣服或佩戴飾品
✳ 吃該色的食物
✳ 用相應色彩的筆書寫願望或施展魔法

與行星、神祇搭配
將色彩的力量有意識地運用在各種情況

看到大紅色會激發行動力，
看到藍色讓人冷靜
現代心理學認為色彩對人類心理會發生一定的影響。

在魔法的世界裡則有另外的解釋：
「看到紅色的東西會感到一股熱情，
是因為紅色會喚醒火星守護神——戰神阿雷斯的能量」
人心中不可抗拒的衝動正是行星代表的神祇引發的，
而這一切都始於「色彩」啟動的反應。

反過來說，
當你使用行星連結的顏色，
就能借助該行星守護神的力量。

不論是時尚、美妝、食物或家居裝潢……。
務必以各種方法使用「色彩魔法」。

紅色

競爭不可或缺的顏色

紅色與火星連結，光看到就能使人亢奮。因此自古激發鬥志或讓人振奮都會使用紅色。鬥牛士手上揮舞紅布不光是讓牛興奮，也能炒熱觀眾的情緒。想提高鬥志一決勝負的時候，試試紅色的衣服吧。不管遇到什麼困難都能發揮超乎想像的力量。

祈願 讀書與工作、競爭

藍色

傳統的幸運與保護色

占星中木星與藍色連結。藍色同時也是海水與天空的顏色，就像「幸福的青鳥」一樣象徵幸福。歐洲新娘會隨身佩戴藍色物品以祈求婚姻幸福。此外藍色也能消災解厄，過去的做法是將染成藍色的羊毛線繞在脖子上。與討厭的人見面前，佩戴藍色的東西在身上，就能與他保持適當距離。

祈願 人際、幸運

綠色

回復健康的色彩藥水

綠色能讓人維持良好的健康狀態，對心理的疲憊特別有效。壓力大時看看綠色的東西可以回復精神。要送禮物給身心俱疲的人，綠色是好選擇。由於薄荷綠對應水星，想要新點子可用這個顏色讓工作進行得更順利。

祈願 讀書與工作、美麗與健康

粉紅色

帶來悸動的戀愛色彩

對應金星，讓人想談戀愛的顏色，粉紅色中包含著愛神維納斯的力量。當你渴望抓住所愛之人的心，最好積極使用粉紅色的物件。能提升女性魅力，對與戀愛無緣的人很有幫助，最好放在經常看到的地方。也能為穩定交往的人帶來感情的刺激。

祈願 戀愛、美麗與健康

橘色

激發創作能力

橘色對應太陽，而太陽神身邊經常有詩歌與學問女神繆思的陪伴，傳說繆思女神身著橘色的衣服。想活化腦力發揮創作力時選用橘色。尤其是開展新計畫時能帶來特別的靈感。橘色愈靠近頭部，就會愈有效。

祈願 生活模式、讀書與工作

黃色

喚醒內在自我

比其他顏色更醒目耀眼的黃色能喚醒長久被壓抑的內在性格。當你覺得被埋沒，無法活出自己，多使用黃色的物品，它能使你不在乎周遭的眼光，坦率表現自己。想與心儀之人走得更近，黃色也能讓你展現自我。

祈願 生活模式、人際

紫色

清晰的直覺

激發直覺力的顏色，紫色。在創意發想時，看著紫色就會有源源不絕的靈感跑出來，也能發現問題的解決辦法。不要被「非怎麼不可」的意念制約，讓直覺優先作決定，一定會選到最好的答案。

祈願 生活模式、讀書與工作

酒紅色

想立下永恆的誓言

深沉的紅色，酒紅色在占星中是對應冥王星的顏色。像血一般的顏色代表「永恆的誓言」。當你遇上想一輩子在一起的對象時，穿上酒紅色的衣服。當你要與命運之人迎接初夜，記得穿酒紅色的內衣，如此便能與他留下永久的連結。

祈願 戀愛、人際

水藍色

深層療癒與幻想的顏色

藍色帶一點綠色的水藍色是海王星的對應色。因此這個顏色有深層療癒的能量。入睡前看著水藍色海洋的圖片，將能在夢中獲得靈性訊息。此外眺望水藍色往往會忘了時間，在約會時穿上它，能縮短與對方的距離。

祈願 生活模式、戀愛

丈青色

帶來安定與平靜的心情

沉靜的藍色，丈青色經常用在制服布料，象徵紀律、規範、清廉。許多人認為穿上它會讓人變得謹慎。想過規律的生活，想保持公正廉明的心都可借用丈青色的能量。想凸顯知性面也可使用，會給人高雅、整潔的印象。

祈願 讀書與工作、除魔

咖啡色

獲得徹底放鬆的時光

咖啡色有放鬆焦慮情緒的效果。當你每天忙得昏頭轉向，隨時上緊發條，試著在身上搭配咖啡色，或是吃咖啡色的食物，喝咖啡色的飲料，必定能讓心情平靜下來。室內裝潢採用咖啡色，也能營造放鬆的空間。

祈願 人際、美麗與健康

螢光色

不滿足於現狀，求新求變

發出人造光澤的螢光色，在占星中是天王星的對應色。想擺脫現狀創造新潮流，螢光色能帶來幫助。在造形中添加螢光色，能增加反骨精神，不流於傳統或大眾意識。放置在電腦、手機這類訊息機器周邊，效果特別好。

祈願 生活模式、讀書與工作

黑色

自我沉澱

占星中與土星連結的顏色。能促發內省，想獨處時可以使用。想排除來自他人的影響可在左手（左撇子則是右手）佩戴黑色的飾品。但一直使用黑色很可能會陷入孤單的情緒無法脫離，最好不要一直穿黑色的衣服。

祈願 生活模式、除魔

白色

能染上任何顏色的無限可能

白色能染上任何顏色，是代表無限可能性的顏色。與人初次見面最好穿白色，能給人不偏頗的中立印象，也能因應對方的各種狀態。此外光的顏色也是白色，能反彈所有不潔的能量。可看情況使用不同功能。

祈願 人際、除魔

金色

炫目的能量

看起來金光閃閃，給人華麗印象的金色代表「生命力」。在古代，金色曾是「富裕」的象徵。在身上佩戴金色的物件能提高原有的生命能量，同時提高存在感，抓住他人的目光。沒有存在感的人最好在身上佩戴金色的物件。

祈願 金錢、人際

銀色

月亮女神的療癒力

與月亮連結的顏色。傳說銀色擁有月亮女神的療癒力。因失戀感到痛苦，一直無法重新站起來，可在身上佩戴銀色的物件，心情會慢慢開朗起來。銀色也能緩解執著、忌妒與怨恨等負面情緒。轉換心情重新開始下一段感情。

祈願 戀愛、除魔

The Magic of Numbers & Shapes

❧ 數字與圖像魔法 ❧

【使用範例】

❋ 選有該數字的號碼

❋ 重複該數字的次數

❋ 畫下該圖形

其實操作「數字」
是一門高級的魔法！？

古希臘數學家畢達哥拉斯認為
「世界是由數字構成」
人類世界所有規則都能用「數字」來表達。

「數字」本身就是很神奇的存在。
因為數字在這世界上並不算是一種「東西」。
不管是小數點的世界還是負數，
光是這些就足夠讓人暈頭轉向。

數字正符合柏拉圖所提出的「理型論」，
只存在於人類概念世界中，相當不可思議。
因此使用「數字」可說是種偉大的魔法。
現代人十分理解且精通此道，
舉凡政治、經濟，世間所有的事物皆由數字所驅動，
形成不可思議的結構。

而圖形中具備了「數字」的要素。
因此只要在空中畫上圖案就能發揮它的效力。

1

事物開始的要素

數字「1」代表「事物的起始」。要開始一件新的事情或到沒去過的地方都能向「1」借力。「拔得頭籌」或坐「1」號的位置都能讓事情有好的開始，接下來也能順利進展。此外，也適用於「關係的開展」，希望與他人關係能有進展時也可使用。

祈願 生活模式、人際

2

增加同理的數字

「2」是「母性」的代表數字，能喚起慈愛的能量。當你感到焦躁或消沉可以重複二次動作，或買「一對」東西，就能獲得「2」的能量。想與情人乾脆地分手時使用「2」的能量，可防止糾纏不清。

祈願 人際、除魔

3

得到幸福人生的關鍵

數字「3」代表「自由」。覺得被限制無法自由行動，可以採取與「3」有關的處置，讓自己從束縛中解脫。想要有靈活的創意時，「3」也能帶來好的效果。而自古這數字也代表幸運，重要的日子建議選擇有「3」的日期。

祈願 讀書與工作、幸運

4

穩定一切的梁柱

就像桌子的四隻腳一樣，數字「4」代表「安定」。當心靜不下來時，可利用與「4」相關的物品，讓心情平靜下來。在居家使用「4」的能量，能加深家人間的連結，例如買四個玻璃杯，放四支牙刷，日常用品都準備四個。

祈願 人際、除魔

5

讓人生順利

數字「5」代表「知識」，是對學習十分有幫助的數字，例如擬定五分學習計畫，選擇在五樓的補習班，都能加速知識吸收。五號座位或電話號碼代表幸運。此外「5」對人際關係也有正面影響，組織團隊做事，最好找五個人就能避免麻煩，得到好的結果。

祈願 讀書與工作、人際

6

持續上揚的幸福感

數字「6」代表「感情」，能喚起同理心或體貼的情緒。此外還能帶來和諧的能量，蛋糕切成六份能為團體帶來好運。此外「6」也能提升魅力，去地址中有「6」的美髮沙龍，6點預約美甲等等，美容美體方面也可以活用「6」的能量。

祈願 戀愛、美麗與健康

7

讓幸運的機會造訪

數字「7」代表幸運。如同大家常說的「Lucky seven」，它能吸引好運造訪，特別是抽籤或賭博時非常有效。可以選帶有7的號碼。此外讓「神祕力量」覺醒也是7的力量。觀想數字「7」能讓直覺更清晰，看穿事物的真相。

祈願 生活模式、幸運

8

開展眼前的世界

數字「8」代表「寬廣」。能讓選擇變多，人脈變廣。覺得走投無路或希望拓展生活圈，在掌心寫上數字「8」。將數字橫放會變成「無限」符號，代表「永恆」。想與所愛之人結婚並獲得永遠的幸福，也可以觀想「8」。

祈願 生活模式、結婚

9

讓事情往好的方向

數字「9」代表勇氣。它能讓你無所畏懼，挑戰困難的目標時，務必借用「9」的力量。此外還有「行動」的意思，能促使停滯的狀態前進，帶來良性刺激。尤其對穩定交往的情侶而言，能防止一成不變的枯燥乏味，可以發訊息給對方約九點見面。

祈願 戀愛、競爭

0

潛藏無限的可能

數字「0」代表「無」。是一個完全放空的數字。可讓事物重新開始，當現狀停滯不前，可借用「0」的力量，如整點時開始行動。它還能除去執著和成見。當事物歸零的同時也象徵無限的可能，是帶來綜合能量的數字。

祈願 幸運、除魔

COLUMN.3

拍手就能施展 數字的魔力！

也許有人會不知道該如何使用這些沒有形體的數字。

最簡單的使用方式其實是「數數字」。這與理型論的世界觀相連，是喚醒數字力量的偉大魔法。當你想要某個數字的能量，只要「拍該次數的手」就可以了。這個動作能確實發揮數字的能量。

此外，可以將文字轉變成數字，例如姓名裡也潛藏著數字的能量。轉換表在「女巫命名法（P167）」中有介紹，可以參考表單選擇名字拼音或改變社群平台的使用名稱。

【圓形】
沒有稜角的和諧狀態

圓象徵沒浪費的完整形態。像「大團圓」是指一切的事情都很圓滿。此外圓還能讓寫在中心的事物融為一體，可利用這點促成與心儀對象的感情，以及結婚的願望。只要在紙上寫上兩個人的名字，再用圓圈起來，便是強大的魔法，能孕育愛的能量。

祈願 戀愛、人際

【三角形】
用金字塔的力量提升自我

就像金字塔的三角形（三角錐）一樣，自古這圖形被視為神聖的圖案。將力量集中到一點，能激發上進心。對工作感到倦怠，或有新目標，在辦公桌放上三角形的物品，能馬上激發行動力。是開展自我提升之道的可靠圖形。

祈願 讀書與工作、競爭

【倒三角形】
縮短與對方的距離

將原本穩定的三角形顛倒過來，變成動態感的圖形。「有什麼事很想做，卻受到阻撓而不得成行」，這個時候倒三角形可以賦予你解決問題的能力。想向心儀之人表白卻提不出勇氣，觀想倒三角形能讓你趁勢表白，順利縮短兩人距離。

祈願 生活模式、人際

【四方形】
安撫焦躁的心

四方形代表安定的一切，是安定能量最強的圖形，能為心靈帶來安寧。想好好靜下來思考事情，在筆記本裡畫一個四方形，可讓浮躁的情緒逐漸遠離。若想守護重要的人，可將對方的名字寫在四方形中。

祈願 生活模式、除魔

【十字】
產生奇蹟的符號

如同十字架一樣，十字符號自古象徵人類，也代表「奇蹟」。危急時刻光憑自己的力量已無計可施時，集中意識在天空中畫個十字符號，就能獲得援手。太常使用會讓力量遞減，最好只在非常重要的場合使用。

祈願　生活模式、幸運

【叉叉】
封印不幸的記號

雖然給人否定的印象，卻是封印能量和除魔淨化的強大符號。可在厄運纏身時使用。在重要的日期上打上差差，可在當天遠離厄運。差差同時也象徵事物的融合，有「和合」的意思。使用時以意念區別功能。

祈願　人際、除魔

【五芒星】
傳統的魔法圖形

五芒星又稱為五角星。五個角分別代表地水火風，再加上「靈」成為五個元素，是古老的魔法記號。能讓長年的單戀開花結果，以及努力得到具體成果，五芒星能帶來「結果」。它同時也有強大的除魔能量，有多種使用方式。

祈願　讀書與工作、除魔

【六芒星】
增加思考的深度

由正三角形與倒三角結合而成的六芒星，又稱為六角星。能促發「精神的成長」，希望增加個人深度，可在入睡前觀想六芒星，如此一來，每天清晨都能比前天更成熟。由於六芒星中含有「6」的能量，也適合愛與和諧相關的願望。

祈願　戀愛、幸運

【黑桃】
以競爭帶來勝利

黑桃象徵戰鬥中時使用的「寶劍」，是撲克牌中最大的花色。能增加擁有者的智力，想在腦力戰中勝出時，可攜帶黑桃作為護身符。職場簡報和戀愛告白等各種場合都可以使用。只是得小心，不要冷酷且咄咄逼人。

祈願　讀書與工作、人際

【梅花】
不被澆熄的熱情

梅花代表「熱情」，在塔羅牌以權杖代表。光是觀想這個符號，就能在人際關係、金錢、戀情等所有狀況中，依照自己的想法行動。此外梅花也代表「友情」，能讓事情和平落幕。捲入爭端時，在手心畫上梅花符號，事情就能平安落幕。可將撲克牌中的梅花當作護身符。

祈願　生活模式、幸運

【紅心】
向身邊的人表白愛意

正如它外形所呈現的樣子，紅心代表LOVE。不單只是愛情，也廣泛包括親情與友情。持有紅心形狀的物品，能自然而然讓人渴望與你交流。面對討厭的對象時，可在心中想著紅心符號，自然而然討厭的感覺就會消失。

祈願　戀愛、人際

【方塊】
物質的豐盛

代表寶石的方塊，在塔羅牌中象徵金錢，顯示金錢與物質的豐盛。經常觀想這個符號，自然而然會吸引更多錢過來，收到禮物和被請客的次數也會增加。衝動購物的時候，在心裡觀想方塊符號，就能平靜下來，並採取冷靜的判斷。

祈願　金錢、幸運

The Magic of Times

❦ 時間魔法 ❧

【使用範例】

✳ 在對應願望的時間施法

✳ 配合時程安排計畫

✳ 在特定的時間行動

掌握時間
讓魔法的效果倍增

運氣好的人，我們通常會認為他們「遇上對的時機」。

反之運氣不好的人，我們認為他們「沒遇到對的時機」。

換言之，在適切的時間採取適當行動的人，

更能成為「運氣好又會抓住機會的人」。

到底怎麼訓練自己「看到機會」？

有些人是靠天賦，

但其實也能靠學習知識而獲得。

這也是為什麼在此章節介紹「時間魔法」的原因。

1天24小時，1星期7天，1年365天，

時間並非毫無變化的持續流動。

每段時間的能量有強有弱，能量頻率隨時在變動，

會有特別的韻律，或受特定行星的影響。

學習解讀能量的特質，

尋找適當的施法時間。

便是掌握了「機會」。

曜日

借用行星能量最簡單的方法

　　若我說：占星的懷疑論者也在不自覺中依照「行星韻律」過活，你一定不相信吧，其實我們熟悉的「星期」就是行星韻律的產品，其源自古美索不達米亞時期。由於當時土星這顆外行星還沒被發現，所以月亮、太陽、水星、金星、火星、木星、土星這七顆行星依照順序，搭上一星期的每一天，星期一是月亮，星期日是太陽，據信行星掌管的那天，該行星的能量會特別高。這樣的行星周期至今在全世界被使用，想想也是件了不起的事。自古認為魔法在相關行星所掌管的那天施行最好。實現你的願望會是星期幾呢？翻到「行星魔法（P026）」查查看吧。

COLUMN.1

從出生在星期幾了解你的守護星

　　你知道自己是星期幾出生的嗎？大部分的人都不知道吧。但是亞洲部分國家像泰國和不丹，「星期占卜」卻相當盛行，幾乎每個人都知道自己出生在星期幾，就像星座與血型在日本受歡迎的程度一樣。

　　現在使用月曆軟體就能輕易回溯自己出生那年，請大家務必查看看生日在星期幾，因為那天會是你最幸運的周間日期，在那天施魔法會得到加倍的效果。

月

星期一
想寧靜度過的日子

受月亮守護的日子。充滿溫馨的氣氛，能有溫暖的人際交流。傳說「不適合開始任何事」，反而該充實內在和自我沉澱。

祈願 美麗與健康、除魔

火

星期二
以戰神的力量
收拾工作

受火星守護的日子裡，整個人充滿幹勁。把麻煩的事和決定成敗的重要日期放在星期二，事情轉眼間就能處理完畢。活動筋骨能加強好運。

祈願 讀書與工作、競爭

水

星期三
讀書與學習的日子

水星能量強，腦袋反應特別快的日子，能快速吸收知識與技術，適合學習。與人溝通交流也會非常順利。在交談上十分幸運的一日。

祈願 讀書與工作、人際

木

星期四
機會接踵而至

木星擁有拓展的能量。靈感源源不絕地湧現，或是邂逅真命天子這類戲劇性超展開劇情都會在這天發生。什麼都不做就太可惜了，該起身行動。

祈願 人際、幸運

金

星期五
吸引異性魅力四射

愛的能量最高的日子是在金星守護的星期五。這天看起來會特別耀眼，與心儀對象約會的日子，一定要選在星期五。參加派對這類熱鬧的活動能帶來好運。

祈願 戀愛、美麗與健康

土

星期六
什麼都不想的
放鬆時光

土星掌管的日子，這天只要在家做家事或保養身體，進行調適與修補的活動就好。不疾不徐讓身體隨著時間流動，放慢步調好運才會造訪。

祈願 生活模式、美麗與健康

日

星期日
巨大的好運降臨

太陽能量高漲的日子。傳說中的「基督復活日」，在這天出生的人一輩子都相當幸運。想開始任何事選在星期日最好。

祈願 生活模式、幸運

行星時刻表

行星能量的高低時段

不只有星期與行星相連,時刻也有對應的行星,我們稱為「行星時刻表」。行星時刻表認為一天二十四小時中,在各行星掌管的時段,該行星的能量有較強的表現。例如:「希望心儀之人喜歡上自己」,就該在下方的「行星時刻表」選出專司愛情的金星掌管的時段,在這時段跟對象聯絡,或施展魔法。此外也相當推薦「在水星時刻讀書」這類行程規劃方式。

時間	星期						
	星期一	星期二	星期三	星期四	星期五	星期六	星期日
日出後第1時間	月亮	火星	水星	木星	金星	土星	太陽
第2小時	土星	太陽	月亮	火星	水星	木星	金星
第3小時	木星	金星	土星	太陽	月亮	火星	水星
第4小時	火星	水星	木星	金星	土星	太陽	月亮
第5小時	太陽	月亮	火星	水星	木星	金星	土星
第6小時	金星	土星	太陽	月亮	火星	水星	木星
第7小時	水星	木星	金星	土星	太陽	月亮	火星
第8小時	月亮	火星	水星	木星	金星	土星	太陽
第9小時	土星	太陽	月亮	火星	水星	木星	金星
第10小時	木星	金星	土星	太陽	月亮	火星	水星
第11小時	火星	水星	木星	金星	土星	太陽	月亮
第12小時	太陽	月亮	火星	水星	木星	金星	土星
日落後第1小時	金星	土星	太陽	月亮	火星	水星	木星
第2小時	水星	木星	金星	土星	太陽	月亮	火星
第3小時	月亮	火星	水星	木星	金星	土星	太陽
第4小時	土星	太陽	月亮	火星	水星	木星	金星
第5小時	木星	金星	土星	太陽	月亮	火星	水星
第6小時	火星	水星	木星	金星	土星	太陽	月亮
第7小時	太陽	月亮	火星	水星	木星	金星	土星
第8小時	金星	土星	太陽	月亮	火星	水星	木星
第9小時	水星	木星	金星	土星	太陽	月亮	火星
第10小時	月亮	火星	水星	木星	金星	土星	太陽
第11小時	土星	太陽	月亮	火星	水星	木星	金星
第12小時	木星	金星	土星	太陽	月亮	火星	水星

* 行星掌轄:月亮(感情)、火星(爭鬥)、水星(知識)、木星(幸運)、金星(戀愛)、土星(踏實)、太陽(開始)
* 最正確的方法是以日出日落時間將一天分為日夜,再將日夜各分十二等分,每分才是行星時刻表裡所代表的「一小時」。因此依季節或緯度會有變動,嚴謹的行星時刻計算方式應參照相關程式或網站。

月空

容易產生問題的魔性時刻

所謂「月空（Moon Void）」是指約2到3天左右會發生一次「容易發生失誤或問題的時段」。時間長短不一，短則幾分鐘，長可長到半天。以西洋占星來看月空是指「月亮」沒有跟任何行星產生相位的時段，由於月亮是掌管感情的天體，因此這段時間相對容易情緒失控，會錯意。無須過度在意，真的很介意發生問題，可預先查好月空時間。

行星逆行

不知道會發生什麼事的非常態時刻

太陽系的行星雖都繞著太陽公轉，但因為地球位置的關係，有時行星會看起來像是在逆轉，便是所謂「逆行」。水星約四個月一次，金星約一年半產生一次逆行現象，較大的行星甚至可能逆行半年。行星逆行期間，該行星的影響力會以異於平常的方式顯現。對於逆行頻率較高的水星與金星，可預先透過網路或星曆確認時間。

水星逆行

掌管溝通交流的水星一旦逆行，容易產生人際失和、交通工具失常、電腦等資訊處理工具出問題等現象。卻是個修正錯誤的好時機，可再次挑戰過去失敗的事情。

金星逆行

掌管愛情的行星——金星一年半中約有40天在逆行。這段期間過去的愛情容易死灰復燃，或是重新思考「我真的喜歡這個人嗎？」渴望與舊愛復合的人可在這段時間施魔法。

女巫曆

季節切分點擁有不可思議的力量

不知道大家知不知道在日本廣受歡迎的「萬聖節」，其實是來自古代女巫的節日？

歐洲古代的女巫多半依據一部「特別的曆法」生活，叫做「Wheel of the Year（年輪）」。像下一頁畫的那樣，女巫認為年度如同車輪一般「循環」運行著。

這個循環依據太陽運行劃分。晝夜等長的春分，一年之中白晝最長，太陽能量最強的夏至，再來是晝夜同樣等長的秋分，以及白晝最短的冬至。

許多國家都將這四天視為重要季節切分點，而女巫卻更重視這四個切分點「中間」的節日。

特別是秋分與冬至中間的「薩溫節」，是一年的最後也是開始，換言之如同女巫世界的「除夕與新年」，至今發展成「萬聖節」的節慶活動。女巫也會在其他季節轉換的日子舉行名為「巫魔會（Sabbat）」的儀式，據信這些時間點都是魔力特別強大的時刻。有無論如何都想實現的願望……絕對不要錯過這些日子。

* 此處介紹的女巫曆日期會因太陽運行與曆法的關係，每年日期略有調整。

10/31 薩溫節 (Samhain)

靈界與人間的界線最薄弱的時刻，亡靈返回陽世，而形成今日的扮裝習俗。這天靈力特別強，占卜會比平常更準確，很適合做塔羅占卜。

祈願 生活模式

12/21 冬至 (Yule)

日照時間最短，這天開始日照逐漸變長，人們認為「太陽的力量復甦」。為了慶祝「新的光明誕生」飲酒與互贈禮物。這天送出的禮物有特別的力量。

祈願 人際

2/2 聖燭節 (Samhain)

開始能感受到春天來臨的些許徵兆，在春天真正到來前，將不要的東西處理掉，準備新種子的好時機。基督教就稱為聖燭節，因此這天非常適合以蠟燭施魔法。

祈願 幸運

9/21 秋分 (Mabon)

太陽的力量逐漸衰弱，人們對珍貴的日光奉上感謝的同時，迎接農作物收成的高潮，並製作葡萄酒。是利用葡萄或蘋果等果實施魔法的好時機。

祈願 金錢

（中央圓盤）

冬至 12/21
聖燭節 2/2
薩溫節 10/51
春分 3/21
秋分 9/21
8/2
五朔節 4/30
6/21
至夏

3/21 春分 (Ostara)

春分是太陽復活的節日。歌頌男神與女神愛的滋長，大地充滿生命力。與復活節的日期很近，也象徵「豐盛」。非常適合施展愛情魔法，想談戀愛請務必利用這天的能量。

祈願 戀愛

8/2 收穫節 (Lughnasadh)

太陽的力量逐漸轉弱的時刻。「Lugh」有光的意思，代表收割光芒。在這天獻上年初的作物，並製作麵包。推薦大家施行與食物有關的魔法。

祈願 讀書與工作

6/21 夏至 (Litha)

所謂夏至，是一年當中太陽能量到達顛峰的日子。這天特別容易看到精靈或無法理解的東西，甚至有神祕體驗。想借用妖靈或精靈的力量務必在這天施法。

祈願 生活模式

4/30 五朔節 (Baltane)

與萬聖節一樣重要的日子。德國布羅肯山會在前一晚舉行名為「沃普爾吉斯之夜」的魔女聚會。這天是太陽神與女神共結連理的日子，大地獲得各種祝福。

祈願 結婚

The Magic of Items

❧ 道具魔法 ❧

【使用範例】

✳ 在日常中使用該物件
✳ 想想什麼魔法可以使用到該物件
✳ 把該物件當成禮物

身邊的所有物品
都能化身魔法道具！

提到女巫與巫師身邊不可或缺的道具，
會讓人想到魔杖和掃帚，斗篷和帽子……。
原來日常生活的用具也能化身魔法用品，
你是否很驚訝呢？

其實無論是什麼東西，只要注入意念，
就能化身為施展魔法的道具。

例如：「鑰匙」能打開家裡的門，
同時也是打開所有閉鎖事物的「關鍵」。
換言之，把你家鑰匙注入特定意念，
就能打開某人的心門，或是某個機會之門，
甚至是隱藏了重要暗示的關鍵之門。

聽起來很像在開玩笑，但這的確是魔法世界的規則。
「同樣類型的東西，有同樣的力量。」

別針
抑制能量，為我獨享

圖釘或別針都跟「針」有一樣的功用，能停止或抑制能量的流動。傳說在禮物上別上別針等附有釘子或針的東西送給別人，會斬斷情誼。

祈願　人際

鏡子
反彈所有邪惡

自古鏡子就是反彈邪惡、淨化除魔的道具。也是進入異界的入口。相傳兩個人同時看一面鏡子，會帶來紛爭。

祈願　除魔

髮夾
偵測戀愛的天線

髮夾會帶來愛情的訊息。若髮夾從頭上鬆脫，代表有人想念你。若未拾起掉落的髮夾則會失戀，最好要馬上撿起來。

祈願　戀愛

線
連結人心

絲線有連結人心的力量。最好用與願望相關顏色的線施魔法。在西方傳說為異性取下黏在衣服上的絲線，能產生愛情。

祈願　戀愛

圍裙
蝴蝶結傳愛

圍裙代表愛情與母性，只要穿著圍裙站在廚房就會有不同的感覺。當圍裙後的蝴蝶結鬆開，代表有人愛著你。

祈願　結婚

鑰匙
鑰匙不可以掉

鑰匙「KEY」又代表關鍵，因此鑰匙掉到地上是發生壞事的預兆。反之有人給你鑰匙，代表能獲得與未來相關的重要訊息。

祈願　幸運

傘
帶來意外的麻煩

雨天外出撐傘擋風雨是耐力的鍛鍊。但在室內開傘或是贈別人傘並不好。若弄丟傘，則代表與朋友不期而遇。

祈願　生活模式

金錢
用硬幣驅邪

金錢象徵豐盛。傳說只要在錢包放硬幣就能防止惡魔入侵，反之，最好避免錢包裡一塊錢也沒有，是全空的狀態。

祈願　金錢

玻璃
碎掉的玻璃會帶來不幸

與鏡子一樣，玻璃能照出影像，有除魔的力量。若將破損的玻璃放置不管，會招來意外事故和糾紛。與其修復不如換新的。

祈願 除魔

照片
注入意念的目標

過去的人認為拍照會把靈魂帶走。某人的照片就是這個人的象徵，可以當成他的分身使用。使用照片作觀想是很好的魔法形式。

祈願 人際

內衣
內衣暗示未來的對象

內衣暗示與未來對象相關的一切。若內衣老是皺巴巴或上下不同一組，只會讓戀愛離你遠去，最好要注意。

祈願 結婚

刀子
象徵睿智

儀式用短劍（Athame）是四元素中掌管風元素的魔法道具，帶來知性的力量。要小心別把尖銳端指向人，否則會切斷與這個人的連結。

祈願 讀書與工作

月曆
指定日期施法

月曆有掌控時間的魔力，能對未來的特定日期施法。但是月曆若過期沒翻新頁，會導致事情在不對的時機發生。

祈願 幸運

鞋子
幸運的指引

傳說鞋子能帶主人到「幸運的地點」，經常保持鞋子的清潔很重要。在半路上鞋帶鬆開時，再走九步重綁鞋帶，就能除去厄運。

祈願 幸運

裙子
下襬起時會有人送禮

裙子的下襬膨起來像袋子一樣，代表有人會送一份很棒的禮物給你。但不小心踩到別人的裙子，則要小心厄運。

祈願 金錢

時鐘
掌握時間授予復活的力量

掌管時間的物件。想從過去的失敗中重新出發，祈求感情復合時，時鐘能給予力量。不準時或停止的時鐘會拉低運勢，最好丟掉。

祈願 生活模式

書
來自書籍的人生建議

書籍象徵人類的智慧。隨意翻開書頁就能讀取內容，占卜未來和真相，這種「翻書占卜」是最輕易獲得訊息的方法，最早是以聖經進行。

祈願 幸運

蠟燭
以火焰淨化空間

女巫會在儀式中使用蠟燭，以火焰來淨化空間。若燭芯散出火花，代表會有突然的訪客來訪，燭火變藍代表有靈體靠近。任由蠟燭燒盡放著不管代表不吉。

祈願 除魔

垃圾
將不潔打包丟棄

直接把地板和玄關的垃圾掃到戶外的做法並不好，這會將家中的好運、錢財與垃圾一同掃地出門。垃圾應該在家中放入垃圾袋再拿出去丟。

祈願 金錢

絲襪
吸引正緣的魔法

傳說絲襪從左腳開始穿不吉利，最好從右腳開始。若將新絲襪掛在牆壁上，正緣會在近期出現。

祈願 戀愛

戒指
帶來好運的戒指

人與人連結與牽絆的象徵物。完整的圓代表「永恆」。未婚異性購物買戒指送給你，代表有好運造訪。

祈願 結婚

鈴鐺
呼喚神靈的訊號

清爽的鈴聲有淨化的力量，神社搖鈴的行為是向神明打招呼，而西洋的魔法儀式中，開始與結束搖鈴則是向神明與精靈宣告「儀式時間」的開始與結束。

祈願 除魔

軟木塞
來自宴會的護身符

21歲生日、結婚、生產等喜慶時所開的香檳或葡萄酒剩下的軟木塞非常珍貴。它能為當事人帶來好運，務必要保留下來。

祈願 幸運

盤子
不要重疊盤子

盤子對應四大元素的「土」元素。持續使用好的盤子能提升財運。若把盤子重疊使用，或是吃完的盤子不洗放過夜，或放置在桌上不管都不吉利。

祈願 金錢

肥皂
雕上符號與文字施魔法

以清洗淨化能量的道具。質地柔軟可在上面雕刻行星、星座或如恩文以貫注力量。將肥皂使用完就能得到這股力量。

祈願 幸運

手套
給朋友帶來麻煩

把手套當禮物會帶來厄運，將導致友情破裂或帶來糾紛。有人送你手套，最好付一點錢給對方。反之，也可將手套運用在切斷緣分上面。

祈願 除魔

錢包
左右財運的物件

對待錢包的方式與你的財運息息相關。不要用太舊或塞滿發票等無用之物的錢包。在裡面放一條繩子能招財。

祈願 金錢

信
以信紙傳情

手寫信紙承載著意念與力量，是很好的魔法道具。希望與某人有更深的連結，可寫信給他。若信掉在地上，則暗示願望無法實現。

祈願 人際

湯匙
舀起幸運的湯匙魔法

「舀水」這個動作本身就代表幸運。一個杯子放兩根湯匙會在一年內結婚，湯匙自然交叉也是結婚的預兆。

祈願 結婚

小瓶子
個人的魔法守護

在小瓶子裡放與願望相關的藥草、乾燥花、水晶、樹枝和鹽，就能製成屬於個人的強大護身符。選擇好的時間點，並在標籤上畫上行星符號。

祈願 幸運

梳子
梳頭淨化

頭髮有人的靈氣，而梳理頭髮的梳子也有靈力。尤其是黃楊木做的梳子更有除魔的功效，用這種梳子梳頭，能除去沾附在頭髮上的不祥之物。

祈願 除魔

耳環
開始傾聽他人

在耳朵戴上耳環或耳針能加強「聽力」。若經常聽不懂或聽錯，可在耳朵上掛飾品，讓你更容易獲得有利資訊。

祈願 人際

剪刀
切斷孽緣與厄運

切斷所有緣分與厄運的道具。想破除厄運、孽緣、壞習慣時用剪刀剪斷其象徵即可。避免贈送剪刀給重要的人。

祈願　除魔

帽子
想受人關注時戴上帽子

王冠等帽子象徵權威。希望自己有人望、成為注目的焦點時才戴帽子。若帽子掉下來，則暗示地位或權力受侵害。

祈願　人際

鈕扣
尋找幸運的鈕扣

一直以來都有把第二顆鈕扣送給心儀對象的習慣，鈕扣是招來好運的物品。尤其是發現四個洞的鈕扣會有好事發生，或吸引各種緣分，如：招桃花等。

祈願　人際

娃娃
容易附著意念的物件

喜歡的娃娃會成為自己的分身，能當作替身使用。動物娃娃身上會有該種動物的能量，希望運用某種動物能量時，可以放在身邊。

祈願　幸運

掃帚
一口氣掃除灰塵與不潔

西方女巫的騎乘工具，能同時掃除灰塵與不潔，以淨化空間。覺得運氣不好的時候用掃帚在四個角落掃一掃，把負能量趕出家門。

祈願　除魔

香
以香淨化空間

香品是魔法儀式中不可或缺的物品，依願望不同點不同的香，能提高空間能量。另一方面，香也有放鬆的效果。

祈願　除魔

祭壇
私人神聖空間

收集能量石、天使塑像、蠟燭等，對你而言特別的東西擺成祭壇，這裡是最好的充電空間，最好設置在房子的北方或東方。

祈願　幸運

玻璃杯
提高愛與真實之力

高腳玻璃杯對應魔法世界四大元素的「水（感情）」元素，也是女性的象徵。希望異性全心愛你時，可以贈與高腳杯，對朋友表示友好也可贈送。

祈願　戀愛

手帕
讓幸運不離身

幸運物件。攜帶折疊整齊、乾淨的手帕運氣會變好，同時招來良緣。贈送手帕代表想與對方成為心意相通的朋友。

祈願 人際

手機
連結人際的現代魔法

掌握擁有者的各項運勢。桌面選擇與願望相關的圖片，門號留意數字能量，行程安排考量行星運程，運用方式有無限可能。

祈願 幸運

項鍊
為初次見面帶來和諧氣氛

佩戴在胸口的項鍊有與他人連結的力量。約會時佩戴項鍊，能提升溝通能力，遇到任何狀況都能處變不驚。

祈願 人際

地圖
給運勢帶來刺激

地圖是未知世界的象徵。凝視地圖上沒去過的國家，能激發想探險的心情。此外地球儀屬於木星的物件，擺放在家裡能自然帶來好運。

祈願 生活模式

撲克牌
不同花色不同能量

撲克牌對應四大元素。紅心（水）是感情，方塊（土）是金錢，梅花（火）是熱情，黑桃（風）是知性。加上數字的意思，選一張當護身符吧。

祈願 幸運

筆
堆疊在紙上的真實願望

在魔法世界中，新筆是提升意志力火元素的道具。用來書寫願望施法的筆，要與平日使用的筆分開。不同的願望用不同顏色的墨水。

祈願 生活模式

香水
觸發潛能

嗅覺對人類的本能有強烈的作用，因此香水是種效果相當好的魔法道具。依願望挑選要灑上香水的物品，例如信紙和手帕。

祈願 戀愛

骰子
用點數占卜

傳說「骰子的結果來自神的意志」，因此骰子是最輕鬆能獲得神諭的道具。可用骰子骰出的點數占卜（參考P112）。隨身攜帶能增強運勢。

祈願 競爭

The Magic of Actions

❧ 動作魔法 ❧

【使用範例】

✳ 刻意做某個動作
✳ 與其他魔法作組合
✳ 觀察他人的行為

加入「動作」
讓魔法顯化

不久前，運動選手在比賽中的
「習慣動作」成為話題。
你是否每天也在無意間反覆進行某種動作呢？
例如「鞋子若不從左腳開始穿就哪裡不對勁」，
或是「早上不喝咖啡無法開始新的一天」。
這些行為都是安定心神的儀式。
也是所謂「動作護身符」的概念。

此外動作也是啟動魔法的重要「開關」。
無論什麼願望，只有想和祈禱並沒有用，
搭配一些動作注入意念，
才能產生驅動現實世界的力量。

「埋」、「切」、「洗」、「纏繞」、「遮蔽」等等………
與其他魔法物件一同使用，才能發揮強大的效果，
依據個人的直覺，設計各種魔法吧。

洗
最簡單的「淨化」方式

和進神社之前洗手是一樣的道理，淨化身上的負能量。泡澡和淋浴也是一種淨化。覺得運氣不好的時候，只要洗手就有改運的效果。

祈願　除魔

指
從指尖射出各種意念

從指尖放射出能量的行為。不同的手指有不同的意義，但以一根手指（尤其是食指）指別人會給對方帶來不幸。

祈願　幸運

瞪
小心惡意的視線

古人將帶有憎恨與嫉妒的「瞪」稱為「邪眼」，是種讓對方陷入不幸的魔法。看到別人瞪你，必須即刻淨化自己。

祈願　人際

握手
以手傳遞信任

握手是種能量交換，也是信任的證明。想與對方交朋友必須先握手。但越過桌子握手則會帶來不幸，必須特別小心。

祈願　人際

刺
封印妨礙者

把與對方相關的東西用針或別針刺穿，有「封印其行動」的意思。若對方行為難料，又會帶來麻煩，可在與他相關的物件上別上別針。

祈願　人際

踩
消去對方的力量

踩踏能壓制對方的力量。只要踩踏與討厭之人相關的東西（影子或寫有名字的紙），就能站在上風，不再被對方玩弄。

祈願　人際

送客
送客不要拖拖拉拉

傳說送客送到看不見對方為止，會為對方帶來不幸。儘管依依不捨，但是道別完就離開，才是較吉利的做法。

祈願　除魔

做夢
讓夢境實現

睡覺時所做的夢會傳達不少訊息給我們。把星期五做夢的內容在星期六告訴別人，夢的內容就會實現。吃早餐前討論夢的話題被視為不吉。

祈願　幸運

叫名字
象徵那個人

古人認為只要知道對方的本名就能使喚對方，因此多半以「字」作為別名使用。相反的，經常互稱彼此的名字能增加連結。

祈願 人際

走路
踏實向前行

站穩雙腳，一步一步向前進，代表事物穩定、踏實地發展。快走只會產生不安與焦慮感，最好避免。

祈願 生活模式

唱歌
反彈邪惡的力量

用聲音抒發情緒是一種情感的釋放。在祭祀儀式中唱歌是一種給神明的獻祭。運氣不好的時候去唱歌，有開運的效果。

祈願 除魔

烹飪
為親手做的菜注入情感

製作者會在親手做的料理中注入心意與個人能量。讓喜歡的人吃親手做的菜，就能與對方心意相通。是相當好用的魔法形式。

祈願 戀愛

盤腿
招來好運

傳說賭博的時候盤腿能帶來好運。但是途中被別人發現或是被指正的話，便會失去效果，偷偷在桌子下盤腿較好。

祈願 金錢

祈禱
抱持感謝的心情祈禱

祈禱能產生強大的能量。放掉私心私欲，單純帶著感恩的心去為這個世界祈禱，一定會發生奇蹟。

祈願 幸運

跳舞
在恍惚狀態接收訊息

自古許多宗教儀式中都有「舞蹈」的部分。身體伴隨音樂旋律陷入恍惚，更容易與神靈溝通。可以把跳舞當成興趣。

祈願 幸運

遮蔽
導入自然的能量

能讓遮蔽物充滿自然能量。希望獲得自然能量的加持，可以一邊許願，一邊用藥草之類的魔法用品，遮住太陽與月亮的光。

祈願 幸運

吃
最簡單的能量充電

讓身體汲取食材魔力的方式。愈是在口中仔細咀嚼愈能吸收食物的能量。在前往重要的場合前吃一份帶來好運的食物，能增加獲勝機率。

祈願 幸運

吹氣
給物品注入生命

氣是氣息，也是生命的象徵。向東西吹氣是將自己的生命力分給這項物件，注入靈魂的意思，很適合魔法上意念的貫注。

祈願 幸運

書寫
願望具象化第一步

將心裡描繪的事物轉換為文字記在紙上，是一種具象化行為。單純將願望和目標寫在紙上，也有實現的效果。書寫的時候可搭配不同顏色的紙，有不同的效果。

祈願 幸運

說話
將想法轉化為現實的力量

古人認為每句話都有靈力，也就是言靈。將想法化為語言告訴他人，會產生一股力量讓事情成真。請把夢想與目標說出口。

祈願 幸運

觸摸
傳送能量

就像「著手」這兩個字一樣，古人認為能量會從手釋放出去，帶著意念去碰觸就能把力量傳給對方。緊握時力量會更強大。

祈願 幸運

攪拌
左右攪拌改變能量

向太陽轉動一樣，順時針攪拌東西能為該物件注入能量。而逆時針攪拌則是解放能量，有淨化的作用。在攪拌茶或鍋子的時候，請留意一下攪拌方式。

祈願 幸運

觀想
讓想像變現實

在心中描繪影像帶來的能量效果，與真實經驗有著相同的力量。若有想實現的心願，在心中鉅細靡遺觀想願望實現的景象。

祈願 幸運

折返
一旦決定就不要回頭

古人認為無論往什麼方向走，一旦出發又中途折返非常不吉利。出門前小心檢查是否準備齊全，一旦出門才發現東西沒帶，最好乾脆放棄。

祈願 除魔

深呼吸
靜心找回自我

深呼吸讓全身放鬆下來，是魔法儀式前重要的準備工作。也可以在情緒不穩定時候練習。去感覺肌膚甚至心臟的跳動，將意識掃過身體的各個角落。

[祈願] 美麗與健康

埋
善用大地之力

希望物件擁有土地的能量，或以土地淨化，甚至是加以封印等不同的效果，都可以用土埋的方式達成。施作時觀想你想要的效果。

[祈願] 幸運

纏繞
注入意念強化力量

將某樣東西如線圈般以絲線纏繞，能增強其能量。不同願望就用不同顏色的線纏繞物品，能強化該物品的力量。

[祈願] 幸運

打結
在繩結注入意念

傳統繩結魔法的作法是一邊觀想願望的實現，一邊為繩子打結。施作的過程中一邊唸咒：「如同此結，讓我的心願了結。」

[祈願] 幸運

毀壞
運勢改變的徵兆

某樣東西自己壞掉代表運勢轉變。壞掉的那樣東西所暗示的事物會有一些變化。希望中止厄運可以利用「毀壞」的儀式來重啟運勢。

[祈願] 除魔

打破
打破與消除能量

將紙撕破象徵書寫在上面的事情不再有效力。能打破現狀，或讓自己下定決心徹底改變。將煩惱寫在紙上再撕破，就能減少煩惱。

[祈願] 除魔

放水流
以清洗重新歸零

弔祭亡者所放的水燈，源自古代人認為放水流是一種淨化。放下過去的執著，改運或切斷孽緣，忘卻不好的回憶，都可以用這種方式。

[祈願] 除魔

切斷
一口氣切斷孽緣與厄運

切斷這個動作有斷除厄運與惡緣的效果。想斷絕與討厭之人的連結，或是運氣不好，想告別過去，都可以象徵性切斷相關物品。

[祈願] 除魔

The Magic of Body

❧ 身體魔法 ❧

【使用範例】

✳ 施展特定部位的魔法
✳ 特定部位的變化是某種預兆
✳ 好好保養特定部位

身體會呈現
各種運勢變化的徵兆

人類的身體能敏銳反應出外界的變化。

和討厭的人在一起會感到疲憊，
當皮膚起雞皮疙瘩，
可能預定要去的地方會發生問題。
一些無法用常理說明的「感覺」，
身體會作出反應。
本章節收錄這些「身體反應」所顯現的預兆。

像頭髮或指甲這些「人的象徵物」，
都是施魔法的好材料。
此外，每個身體部位都與12星座對應，
當你想使用某個星座的力量，
就該好好保養它對應的部位。

眼睛
「凝視」是最簡易的魔法形式

自古人們就認為眼睛的視線會發出一種看不見的能量波。帶著情意盯著人看，就能把心意傳達給對方。傳說右眼顯示喜悅，左眼顯示悲傷。

祈願 人際

鼻子
鼻子癢是接吻的預兆

鼻子是顯示情感的部位。當你很在意鼻子，多半表示較感性。當鼻子發癢代表會與沒見過面的人喝酒，或與某人接吻。

祈願 戀愛

牙齒
象徵個人意志

牙齒對應土星，是意志力的象徵。當牙齒發生問題，代表得反省自己。傳說右側代表男性親人，左側代表女性親人，常刷牙能帶來更好的關係。

祈願 生活模式

眉毛
眉型可改變運勢

眉毛是展現社會性的部位。畫濃眉或粗眉代表想在社會上展現自己，彎曲且纖細的眉毛則代表想沉澱和充實內在。

祈願 生活模式

耳朵
留心耳朵的細微變化

耳朵是「接收訊息」的部位。右耳覺得癢或發紅代表有好事要發生。左耳的話則發生壞事的可能性較高。

祈願 幸運

嘴巴
經常保持口腔清潔

修行前的漱口儀式稱為「含香」，由此可知口腔是相當重要的部位。最好不要抱怨、說謊、講壞話，這些負面言語只會汙染嘴巴。

祈願 除魔

舌頭
直接與情緒連結的部位

表現情感的部位。口腔潰瘍這類問題表示說謊或不滿的累積。鬱悶的時候吃點好吃的東西，讓舌頭感到喜悅吧。

祈願 生活模式

睫毛
用掉落的睫毛許願

當你發現睫毛掉下來，就是許願的好機會。將睫毛放在指甲上，唸出願望，再吹一口氣，若一次就讓睫毛飛走，代表願望會實現。

祈願 幸運

頭
決勝時刻改變髮型

頭部與牡羊座連結,代表幹勁與企圖心。重要的場合可改變髮型或戴髮飾,增加氣勢使能量變得更強

祈願 競爭

手
從手得到勇氣與力量

手是雙子座的對應部位,象徵知性。當思考遲鈍時可做手部按摩。右手代表顯意識與現實,左手代表潛意識與夢的世界。

祈願 讀書與工作

手指
指尖上的行星能量

西洋手相認為拇指代表火星,食指代表木星,中指代表土星,無名指代表太陽,小指代表水星。施魔法時可以運用與願望相關的手指。

祈願 幸運

心臟
氣場強人緣好

心臟對應獅子座,由太陽神阿波羅護持。心跳聲愈大代表氣場愈強。緊張到心跳不停時,可想像阿波羅的護持。

祈願 人際

脖子
脖子不舒服財運會下滑

脖子和喉嚨對應金牛座。日語中形容籌不出錢為「脖子轉不動」,因此脖子會具體反應財務問題。經常轉動與按摩脖子,保持靈活。

祈願 金錢

腳
腳會發出各種求救訊號

腳是雙魚座對應的部位。鞋子磨腳或長雞眼等腳底問題,是來自潛意識的求救訊息。過去的人認為左腳代表不祥,因此每天的第一步會由右腳邁出。

祈願 除魔

拇指
收起拇指躲避厄運

所有手指中拇指有最強大的除魔消災力量。當你不得不通過討厭的地方或與討厭的人擦身而過,可將拇指藏在手掌中。

祈願 除魔

腰
腰展現人生

天秤座的對應部位。穿著顯露腰線的衣服能有較好的戀愛運。腰是人體重要的部位,若腰痛則代表必須重新檢視人生。

祈願 戀愛

膝蓋
經由鍛鍊成為人生軸心

與摩羯座連結，是行走的重要部位，希望人生踏實順利得鍛鍊膝蓋。膝蓋癢代表太勞心，會痛則代表身體要求休息。

祈願　生活模式

大腿
鍛鍊抓住幸運的腿力

大腿是對應射手座的部分。若大腿特別肥大，代表對自己要求標準太低。反之多多鍛鍊大腿保持韌性，能帶來好運勢。

祈願　幸運

乳房
提升內在母性

乳房與巨蟹座連結，是母性的象徵。希望有幸福的家庭要養成按摩胸部的習慣。巨蟹座掌管人類的情感，因此情緒低落時也可按摩。

祈願　人際

耳鳴
有人在講你的事

傳說耳鳴代表有人在議論你。每當耳鳴時可請身邊的人說一個字母。這個字母代表議論你的那個人名字中的第一個字。

祈願　人際

腳踝
腳鍊是改變人生的幸運物

水瓶座對應的部位。經常轉動腳踝保持彈性，才能有創新思考的能力。希望改變人生可佩戴腳鍊，同時也能展現自我。

祈願　生活模式

生殖器
用心選擇內衣

生殖器是天蠍座的對應部位。對內衣講究能吸引正緣靠近你。在戀愛的重要場合中為你加分。

祈願　戀愛

噴嚏
打兩次噴嚏是好運的預兆

打噴嚏是好運的預兆。只打一次或三次都是不祥，但二次噴嚏後會有好事發生。上午打噴嚏代表有人會送禮給你。

祈願　金錢

痘痘
運勢與生活的測試表

長痘痘是運勢狀況的直接指標。痘痘增多代表人際關係與生活環境將有變化。痘痘減少代表經濟與精神的穩定。

祈願　生活模式

痣
命運改變的訊號

傳說痣暗示命運的變化。若痣在某日突然冒出來，代表命運開始有重大轉變。痣生長的部位也有不同的暗示。

`祈願` 生活模式

酒窩
微笑時的酒窩帶來財富

酒窩象徵金錢。在下巴有酒窩的人財運好，容易有意外收入。相反的，兩頰有酒窩的人錢容易流出去，很會花錢。

`祈願` 金錢

唾液
厄運退散，口水的力量

自古以來人們相信唾液蘊涵魔力，多用於咒術。尤其是早上起床後，以及空腹時的唾液可防止邪靈靠近。但目擊他人吐口水則是凶兆。

`祈願` 除魔

淚液
喜悅與悲傷，二種淚水

流淚是種淨化。從體內將負面能量排出，哭本身不是件壞事。喜悅與感動的淚水是靈魂蛻變的訊號。

`祈願` 除魔

血液
顯現本質的紅色液體

在儀式中作為替身使用。「血脈相連」有時也象徵某種強烈的羈絆或賭上性命的強烈情感。可用其他紅色的飲品代替。

`祈願` 人際

指甲
告知機會來臨

指甲表面出現白點代表幸運。指甲前端代表過去，中間代表現在，底部代表未來的幸運。指尖和指甲尖對應溝通能力，希望加強人際關係可塗指甲油。

`祈願` 人際

頭髮
傳達心意的頭髮魔法

頭髮對應處女座，也代表這個人。歐洲在過去有情人間互贈頭髮的風俗，並將對方的頭髮貼身攜帶。是戀愛魔法的最佳材料。

`祈願` 戀愛

鬍子
鬍子上的生命能量

鬍子是生命力的象徵。美麗的下巴鬍子代表充滿活力與精力。白鬍子代表智慧與知性。若身邊有這兩種人在，他們會是你的幸運男神。

`祈願` 幸運

The Magic of Places

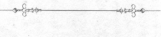

❧ 地點魔法 ❧

【使用範例】

❋ 到該地點

❋ 凝視照片

❋ 約人在該地點見面

擁有神祕能量的場所
就在你的四周

「能量景點」這個說法已經流傳了很久。

你一定感受過某些地點有特別的「能量」，

例如走進森林或海邊等大自然之中，有被療癒的感覺。

進入神社等神聖的場所自然感到敬畏。

除了有名的能量景點之外，

其實日常生活中也有不少「擁有特別能量」的地點。

到那個地點待一會兒，

必然能吸收到該地的能量。

或是在那個地點施行魔法，也是不錯的方式。

擺放該地的照片，或者設成手機桌面，

都能與該地連結接收它的能量。

家
逃避厄運的結界

退去所有鎧甲回到無防備的狀態，家是讓人充電的地方，也是個人聖域。防止外來的邪惡入侵，首要保持居家清潔。

祈願　除魔

山
征服名為壓力的山

山暗示著不得不跨越的高牆與阻礙。希望自我提升或迎向壓力、挑戰自我時，可凝視山的照片。

祈願　生活模式

海
獲得愛與諒解的能量

海是所有生物的起源，亦是萬物之母。光是看著海放空，大海的能量就能填滿你，讓人充滿包容與仁慈。

祈願　除魔

河
讓戀愛的煩惱隨水而去

河川的流水是人心變遷的象徵。當你忘不了舊情人，或與情人發生爭執，只要是戀愛的煩惱都可以藉由凝視河水，讓流水帶走一切。

祈願　戀愛

三叉路
匯集魔力之地

相傳三叉路是月之女神黑卡蒂在夜半時分降臨之處。只要是「3」的能量較強的地方，同時也是過去、現在、未來的交會處，是能量特別強的場所。

祈願　幸運

十字路
重大抉擇的路口

道路的交叉口能量會像漩渦般地匯集。在日本過去曾有「路口占卜」這類在十字路口等待神諭的占卜方式。希望煩惱獲得解答可站在路口試試。

祈願　幸運

橋
越過決斷之橋

岸與岸之間的橋。古人認為所有「分界點」都有一定的魔力。當你面臨人生重大決斷之時，走過一座橋。當你抵達對岸就能下定決心。

祈願　生活模式

臥室
整理臥室為體力充電

用來回復體力與經營感情的臥室，也是能量充電處，是所有運勢的基礎。覺得運氣不好得整理臥室，將不要的東西丟掉，或換新的寢具。

祈願　美麗與健康

玄關
打開人際關係之門

玄關是對外的出入口，希望對他人敞開心門，想交朋友，想要認識男女朋友，都可以在開門的同時觀想自己的心門也一起敞開的畫面。

祈願　人際

圖書館
從谷底回升

圖書館內集結古今中外的智慧，只要到圖書館走走，就能提升知性力。覺得委靡可以到圖書館接受知性刺激。

祈願　讀書與工作

廁所
提升財運勤打掃

自古夢到廁所就代表財運上升，一直以來都和金錢有密切的關係。經常保持廁所清潔，自然而然就會有錢財上門。

祈願　金錢

捷運
向目標直線前進

捷運能帶人到達目的地，也能為人生帶來明確方向。當你不知道未來怎麼走，或無法選擇時，坐著捷運一個人去旅行。

祈願　生活模式

劇院
幸運與藝術之神的住所

傳說幸運之神會降臨在演出音樂與戲劇的劇院。在劇院跌倒會有好事發生。然而在開演前送花朵則會帶來厄運。

祈願　幸運

廚房
戀愛的煩惱能在廚房解決

廚房是產生食物，「餵養生命」的地方，也是情感能量最強的地方。每天多到自家廚房走動，自然而然能量就會變得溫柔而平易近人。

祈願　戀愛

公車
人生的路不只一條

公車有各種不同路線，代表無限的選擇性。有煩惱的時候、緊張的時候、覺得腦袋僵固的時候坐上公車，感受那行進間的搖晃，就能消除不必要的執著。

祈願　生活模式

飛機
擁抱夢想展翅翱翔

坐在機艙內是人最接近天空的時候。當人生停滯不前時，去搭飛機吧。飛上高空時，上天會給予你新的靈感。

祈願　幸運

第4章

提升魔力！
向「神聖存在」
祈禱

向看不見的力量祈求
得到神聖力量的支持

本章節開始介紹難度更高的魔法。

也更接近真正的巫師與女巫使用的魔法。

例如書寫擁有魔力的文字，描繪特殊法力的圖案，唱頌神祕的咒語等等。有時候也會呼請神祇、天使或精靈。

為了向「看不見的特殊能量」借力，古代巫師與女巫透過經年累月的研究與試驗研發出的各種術法，祈請神聖力量達成人類的願望。

驅動神聖力量絕不能抱持隨便的態度，首先你必須衷心期盼願望實現。再者如前面所述，這個願望除了對你本人，也對這個世界要有正面幫助。若施法傷害他人、貶低他人，這些全會逆風回到自己身上，務必要留心。

那麼，就讓我們走向魔法世界的更深處吧。

Rune Spells

❧ 如恩文 ❧

蘊涵神諭的北歐神祕符文

　　如恩文來自古代日耳曼傳承下來的字母。擅長魔法的北歐神話之王──奧丁將自己倒吊在名為尤克特拉希爾的世界樹上九天九夜獲得啟發。每個字母都有不同的意義，也蘊藏著不同的力量。

　　傳說早期使用刀子刻劃在木片上，因此所有字母的筆畫皆由直線構成。而簡潔的造形讓運用更多元，是如恩文最大的魅力。選擇與願望相符的如恩文，寫書在信件或筆記本上、用手指在空中描繪，或刻在食物上給目標對象吃……試著活用各種方法。

【使用範例】

　❋　用筆書寫如恩文。

　❋　刻在食材再加入菜餚中。

　❋　在半空中描繪。

飛虎(Feoh)

加速成長

飛虎有「成長」的意思。希望向上提升、工作學業有所成，都可用這個字的力量。它能同時帶來相稱的回報。很適合寫在文具或錢包上。

祈願 讀書與工作

烏魯(Ur)

以爆發力驅動戀情

代表「野牛」的意思，烏魯有強大的能量，對戀愛有益。想驅動眼前停滯不前的狀況，可在手掌寫上烏魯帶來鬥牛般的強勁，用這股熱情贏得青睞。

祈願 戀愛

索爾(Thorn)

給予行動的勇氣

索爾有「荊棘」的意思，也代表「衝動」。給予順應內在熱情行動的力量，適合想太多無法行動的人。將投身未知領域的人也適用。

祈願 讀書與工作

安蘇爾(Ansur)

舒緩人前說話的緊張

安蘇爾代表「嘴巴」。在人前說話會緊張的話，在掌心寫上安蘇爾再吃進去。對搜尋資訊也很有幫助。在半空中描繪這個字母再著手搜尋，必能獲得好消息。

祈願 人際

瑞斗(Rad)

給旅行移動帶來好運

瑞斗代表「車輪」。無論是出遊或送行，都可以瑞斗作為護身符，以預防旅途中的麻煩或事故。此外也能給予忙得沒空旅行的人旅行機會。

祈願 除魔

肯(Ken)

提高行動能量

肯代表「旺盛燃燒的火焰」。容易自我否定和消極的人，可借助肯的能量，激發熱情大膽行動。無法自我表達的人，可將這個字母作為護身符。

祈願 生活模式

吉福(Geofu)
成就戀愛的幫手

吉福代表「戀愛成功」，別名「愛的如恩」，是最強的戀愛護符。務必到處寫上這個字母。可在自己與心儀對象名字中間加上這個字。

祈願 戀愛

溫(Wynn)
天降好運的意外收入

溫代表「幸運」。能吸引財富接近，遇到財務問題或想要有意外收入時，將寫有字母的紙放進錢包，當成財富護符。新錢包也可寫上這個字母。

祈願 金錢

海格爾(Hagall)
引發幸運事件

海格爾代表「突發事件」。有沒興趣的邀約或不想去的聚會、可借助海格爾的力量，在筆記本或月曆的聚會日期寫上海格爾，聚會就會突然取消。

祈願 除魔

尼德(Nied)
讓願望明確
脫離一成不變

尼德代表「不可或缺的東西」。覺得生活一成不變可向尼德借力。在筆記本寫上這個字母，再列出所有「想做的事」，就會明白自己真正要的是什麼。

祈願 生活模式

伊薩(Is)
給予喘息

伊薩是代表「冰」的如恩，擁有「停止」的能量。當你忙得昏頭轉向必須休息的時候，在月曆的預定休息日寫上伊薩，事件就會暫停，給你休息的時間。務必謹慎使用。

祈願 美麗與健康

亞拉(Jara)
預約豐盛的收成

亞拉代表「收穫」的意思。在年初時將這個字寫在月曆上，一切都會有好的開始。此外，把目標與希望實現的夢想寫在筆記本中，再用四個亞拉框住，就能順利達成目標。

祈願 幸運

第4章 向「神聖存在」祈禱 如恩文

幽魯(Yr)
斷捨離的支持

幽魯有「死與重生」的意思。想放下眼前的事重新開始時可使用。想放下某件事，找一件象徵物在上面寫上這個字母。對於戒酒和菸特別有效。

[祈願] 生活模式

波索(Peorth)
左右人生的關鍵時刻

波索的形狀代表「骰盅」，象徵在「賭博中勝利」。在換工作、考試等左右人生的重要時刻，讓勝利女神指引你成功的路。如果貪心強求，效果會消失。

[祈願] 競爭

歐若(Eolh)
一生不變的友情

歐若代表「友情」。過去會在寫給摯友的書信中寫上這個符號，以增強彼此的連結，使友誼長存。想和關係尷尬的朋友重修舊好可使用。

[祈願] 人際

斯凱爾(Sigel)
回復正向積極

象徵「太陽」的斯凱爾能增強生命力。有慢性病，或因病鬱悶的時候，在藥袋上寫上這個符號。想獲得如太陽般人人稱羨的美麗時也可使用。

[祈願] 美麗與健康

提爾(Tir)
堅持原則的勇氣

與北歐神話戰神同名的字母。能使人擁有無所畏懼的勇氣積極行動。當工作面臨困難的交涉，或必須指正他人時，為你帶來強勢的能量。

[祈願] 人際

博卡(Beorc)
給予他人無保留的愛護

博卡代表象徵母性的「白樺樹」。能喚醒如母親對待孩子般的強烈情感。覺得自己太冷淡，可在與人會面前懸空寫下該字母，便能用溫和的態度待人接物。亦能祈求家庭和樂。

[祈願] 人際

艾歐（Eoh）
打開人生的新頁

艾歐代表「馬」。古代馬能載著人抵達未知的遠方，是無可取代的重要夥伴。在搬家或換工作等前往新世界的時刻，將艾歐當作護身符。它讓你快速適應，發揮實力。

祈願　生活模式

曼（Mann）
團隊合作順利

曼如其原文名就是「人」的意思。能在職場、社團活動、群組等重要的團隊合作中發揮功用。能使鬆散的團體有向心力。將這個字寫在紙上，貼在大家聚會的地方。

祈願　人際

拉古（Lagu）
賦予想像力

拉古代表「想像力」，有豐富想像的效果。需進行無中生有的創作、寫企畫案，需要創造力的時候，觀想拉古這個字，能得到好的靈感。

祈願　讀書與工作

英格（Ing）
找回喜悅與熱情

英格擁有弗雷的力量，祂是造就萬物的豐饒之神，有激發熱情的效果，幫助一成不變的戀情與工作找回熱情。也能提升性慾，很適合無性伴侶。

祈願　戀愛

歐瑟爾（Othel）
使家庭氣氛和諧

象徵「故鄉」的歐瑟爾能增強家人間的連結。當家裡的對話愈來愈少，可使用歐瑟爾的力量。將寫有字母的紙放在家人聚集的房間內，就能自然增加歡笑與對話。

祈願　人際

達耶格（Daeg）
從某人身邊畢業⋯

達耶格有「結束」的意思。鼓起勇氣為長期交往卻再也沒有成長的關係劃下休止符。在兩個人的照片寫上這個字。讓下次的戀愛比過去的更好。

祈願　除魔

複合如恩的組合方式

所謂「複合如恩」是指將如恩字母作結合，形成更強大的符文。不同的組合能造就更貼近願望的符號。

例如，希望持續進步這樣的願望可以用「飛虎」，想與同儕相互切磋則用「曼」。將這兩個字組合起來變成「相互切磋持續進步」的意思，便形成一個獨創的複合如恩。

組合如恩沒有一定的規則，可依據願望與外觀去設計屬於自己獨創的符號，還能為它命名。

鏡龍司特製複合如恩

★ 實現戀情

代表「戀愛發展」的吉福與代表「勝利」的波索。這兩個如恩文組合起來變成「吉波索」，也就是「獲得戀愛的勝利」，符號外觀的設計也充滿戀愛的感覺。向心儀之人告白前，製成護符吧。

吉福　　波索　　吉波索

「戀愛發展」「勝利」「獲得戀愛的勝利」

★ 變成聚富體質

代表「幸運」的溫與代表「訊息」的安蘇爾組合成「溫蘇爾」。讓你獲得「幸運的訊息」，以及意外之財。這個符號乍看很複雜，其實是兩個傾斜的字合在一起的簡易組合。創作時可把文字傾斜或上下對調。

溫　　安蘇爾　　溫蘇爾

「幸運」「訊息」「幸運訊息」

★ 達成工作目標

代表「成長」的飛虎與代表「積極」的斯凱爾。兩個字加在一起代表「積極前進」的「飛凱爾」。在重大場合為你排除壓力，使出渾身解數的護符。同一個如恩會有各種意思，要在組合中凸顯哪種意思，能看出創作者的品味。

飛虎　　斯凱爾　　飛凱爾

「成長」「積極」「積極前進」

Magic Squares & Talismans

❧ 魔方陣與護符 ❧

親自書寫注入「能量」

巫師會在路面以粉筆畫下四方形或圓形的圖案，即是所謂的魔方陣（魔法圈）。可促發願望實現的力量，召喚來自異界的精靈或神祇，可說是一種導入能量的裝置。此外也有不少以行星能量為主題的護符（talisman）。這些都是將文字與圖形表現在紙上的護身符。

選擇你想借用的力量類型，一邊看著書上的圖案一面臨摹，就能獲得你想要的力量。

【使用範例】

　❋ 臨摹護符或魔方陣
　❋ 隨身攜帶畫好的成品
　❋ 成品放在視線可及之處

太陽護符
引出太陽之力

連結太陽能量的護符。想獲得太陽所帶來的生命力與自信，或是實現與太陽管轄範圍相關的魔法時可用這個護符施法。使用橘色的筆來描繪力量會更強，能感受來自體內源源不絕湧出的能量。

祈願 生活模式

月亮護符
療癒的月亮之力

連結月亮能量的護符。月亮能驅動情感，舒緩壓力。家庭、感情這類月亮管轄範圍的願望可以用這個護符施法。身心倦怠的時刻用銀色的筆描繪這個護符，或以銀線刺繡，就能療癒靈魂。

祈願 生活模式

水星護符
如水星般聰穎知性

連結水星能量，提升讀書、工作以及溝通能量的護符。用薄荷綠的筆描繪製成的護符有更強的水星能量。不擅長交際的人可以臨摹這個圖案，放在手機桌面。

祈願 讀書與工作

金星護符
吸引愛情的金星之力

連結金星能量的護符，傳說能獲得愛與美之女神維納斯庇佑。能強化所有與戀愛相關的魔法。最好使用粉紅色筆描繪。貼在經常看的鏡子上，每看一次就會多變美一點。

祈願 戀愛

火星護符
增強火星之力

連結火星能量的護符。面對所有挑戰都能毫無畏懼，使盡全力贏得「勝利」。此外，如增進健康、提高行動力等與火星相關願望都可運用。使用紅色的筆臨摹該圖，貼在醒目的地方。

祈願　競爭

木星護符
守護幸運的木星護符

與木星能量連結的護符。帶來擴張與發展能量的行星，有木星的加持，所有的事物都能大幅成長。此外也能帶來開朗明亮的心情，容易負面思考的人可當成護身符。用藍色的筆臨摹，隨身攜帶就能招來幸運。

祈願　幸運

土星護符
以土星鍛鍊耐力

與土星能量連結的護符。為所有事物帶來「規則」的行星。為佩戴者增強耐挫力，適合對任何事都得過且過，生活散漫的人。使用咖啡色或黑色的筆描繪效果較佳。

祈願　生活模式

AEEIOUO
EEIOU
EIO
IO
I

神聖七母音
匯集神之力

由希臘文的「神聖七母音」排列成羽毛形狀的護符。由「Alpha、Epsilon、Eta Iota、Omicron、Upsilon、Omega」七個母音所構成，能呼請神祇，匯集強大的能量。也可在啟動任何魔法道具時使用。

祈願　幸運

MATBA

MATBA

SATOR
AREPO
TENET
OPERA
ROTAS

MATBA護符
帶來豐盛

18世紀卡巴拉教派所使用的護符。能為擁有者帶來「豐盛」。除了具體物質與金錢之外，也能產生精神的豐盛與寬裕感。暗自將護符放進錢包，能吸引財富。

祈願　金錢

SATOR魔方陣
以回文構成的神祕圖案

傳說源自1世紀左右的英語「回文」。正方形的排列，無論是橫的看或直的看都是「SATOR」。字義為農神薩圖恩努斯，是與「時間管理」關係深厚的神祇。在行事曆寫上這個魔方陣，能更有效運用時間和訂定目標。

祈願　讀書與工作

AGLA護符
授予所有的財富與好運

「AGLA」來自猶太人向神祈禱時第一句話：「Atah Gebur Leolahm Adonai（主啊，汝之力為永恆）」，取其第一個字母組合而成。這個護符能消災驅病痛，同時帶來豐盛與幸運。描繪這個圖案製成護身符隨身攜帶。

祈願　幸運

COSMIC EGG護符
更加活躍的人生！

「COSMIC EGG」可譯為「宇宙卵」。古人認為宇宙由一顆卵構成，其中包涵一切可能性。這個護符中有0～9所有數字以及A～Z所有字母。能刺激體內沉睡的潛力，將它激發出來。

祈願　讀書與工作

Magic Words

❧ 咒語 ❧

語言是啟動魔力的開關

日本的「言靈信仰」認為，所有語言都有力量蘊藏其中。在西方巫師之間也有同樣的概念。因此有不少藉由說出特定的語彙，能引發特定魔力的「咒語」。

我們常在動畫或影集裡看到不少咒語，到底是什麼意思呢？若能知道咒語的意思，就能發揮更強大的力量。

為了讓魔法顯化，下次試試看將咒語唸出來。

【使用範例】

✳ 唸出聲音

✳ 心中默禱

✳ 寫在紙上隨身攜帶

Abra cadabra

阿布拉卡達布拉

世界上最有名的咒語

意思是：「如我所說的一樣消失」，古代常用在治療方面。如同母親常用的「痛痛飛走囉」。當你有煩惱，唸這個咒語就能找到解決辦法。

祈願 除魔

Alpha and Omega

阿爾發 恩德 歐美加

讓事情圓滿達成的密語

「Alpha」代表「開始」，「Omega」代表「結束」，整句話象徵「一切」。希望事物能有始有終圓滿達成時可唱頌。可用在展開一份麻煩工作前，或是想與所愛之人永遠在一起，見面前可唸。

祈願 幸運

Bibbidy-Bobbidi-Boo

比比迪巴比迪布

朝向目標放箭

咒語的意思是：「讓燃燒之箭中的。」適合實現願望與達成目標。特別在戀愛方面有極佳的效果。與心儀之人告白前先唸這個咒語，就能讓對方也愛上你。

祈願 戀愛

Eenie, Meenie, Minie, Moe

伊尼 米尼 麥尼 穆

知曉命運的數數歌

自古羅馬時期流傳自今，類似日本「選哪個由神明決定」的咒語。做選擇時一邊默唸就能做出正確決定。千萬不要讓旁邊的人聽到，要在心中偷偷默禱。

祈願 幸運

So mote it be!

首 莫德 伊特比

將一切化為魔咒

女巫最常用的咒語。意思是「誠如所願」，在願望與任何咒語後面加上這句，能提高前面咒語的效力。只要最後加上這句，任何語言都能化為有魔力的咒語

祈願 幸運

Open Sesame

歐噴 西捨米

打開眼前所有門的魔力

中譯是：「芝麻開門！」擁有打開所有門扇的強大力量。遇到無法達成共識的對象，或面臨難關，只要唸這個咒語就能找到解決之道。也能讓心儀之人打開心門。

祈願 人際

Ridas Talimol

利達斯 達利莫爾

偉大的四元素精靈之力

召喚「火」、「土」、「風」、「水」四元素精靈的咒語。對自然氣象有著如「晴天娃娃」一樣的效果，無論如何都不希望下雨的時候，或是看到雲的樣子有點奇怪的時候可以用。

祈願 除魔

Rumpel stiltskin

倫貝爾敘迪爾茲凡

暗中控制對方

暗中控制對方的咒語。無論如何希望對方聽話，說什麼都不會反對時可事前唸咒。一定能讓你暢所欲言，與麻煩人物會面前可用。

祈願 人際

Sadyk

薩迪克

讓心中的正義之神覺醒

取自腓尼基人「正義之神」的名字直接變成咒語。持咒時會感受心中有強烈的正義感產生。看到不公正的事猶豫是否挺身而出時唱頌，能帶來行動的勇氣與自信。

祈願 生活模式

Saritap Pernisox Ottarim

薩里塔布 貝爾尼索斯 歐塔里姆

打開心鎖的密語

想打開看不見的鎖時，在心中默禱。例如看著喜歡的對象默唸咒，對方的心門就會敞開。同樣有利說服商場上的談判對象，讓他動搖，可使用這個咒語。

祈願 讀書與工作

Zara

札拉

成為金錢喜歡的人！

「ZAR」來自西班牙語「錢」的意思。由於能吸引金錢，可在買樂透和挑戰獎金懸賞時唱頌。想衝動購物的時候唸咒能讓人冷靜下來，避免浪費。

祈願 金錢

Abraxas

阿卜拉克薩斯

接納自己的脆弱

掌管善與惡之神阿卜拉克薩斯的祈請咒語。在喪失自信時唱頌，讓人接納內在的自卑感。也能更寬容對待他人，減少壓力。

祈願 生活模式

女巫命名法

　　女巫是穿梭在現實與魔法世界的行者。若想成為女巫，必定得取一個魔法世界使用的女巫名，也就是所謂「Witch's name」。這個單元教大家使用靈數來為自己取「另外一個名字」。可用在與好友的書信中，或是網路帳戶名稱來提升個人的女巫力，讓魔法更容易成功。也可以當作只有自己知道的祕密名稱。

❶ 算出生命靈數

所謂生命靈數是指將生日的年月日各個數字分開後加總，所得數字再分開為個位數加總而成。這個數字的意義可參照「數字與圖形魔法（P112）」。

> 例　1980年4月1日出生的人
>
> $$1+9+8+0+4+1=23$$
> $$\downarrow$$
> $$2+3=5$$

❷ 將女巫名轉換為數字

參考本書中你感興趣的魔法物件和神祇名稱，列出女巫名的命名清單。將這些名字以右邊的表格算出單一數字。

1	2	3	4	5	6	7	8	9
A	B	C	D	E	F	G	H	I
J	K	L	M	N	O	P	Q	R
S	T	U	V	W	X	Y	Z	

> 例　「JANE」　$[J=1]+[A=1]+[N=5]+[E=5]=12 \rightarrow 1+2=3$

*大小字對應同一個數字。

❸ 組合生命靈數與女巫名的數字

重點是女巫名的數字與生命靈數必須一致。可運用字母或符號的增減來調整。只要使用這個名字你就能以女巫的身分活躍於魔法世界。

> 例　生命靈數=5、JANE=3
>
> 5-3差2
> $\downarrow$
> 為了補上2添加一個T（2）變成「JANET」

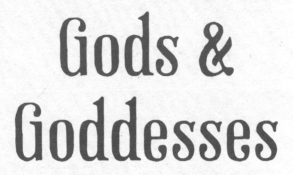

Gods & Goddesses

❧神・女神❀

借助你力量的神祇們

自古在神話世界裡存在著多位個性獨特的神祇。祂們擁有動搖天地的強大力量，卻也會陷入愛情或產生紛爭，有著相當人性化的一面。

希望所施的魔法得到這些神明加持，需要花費心思。尋找適合你願望的神祇向祂祈求加持。有一點要特別注意，向神明借力必須付出相對「誠摯的態度」，不能有半點輕浮。

【使用範例】

✳ 觀想神與女神的樣子

✳ 「偉大OO神，請賜予我力量」

✳ 用神與女神相關的物件施法

宙斯

無論如何都想實現的願望

希臘神話中全知全能的神。擁有統御宇宙的絕對力量，操控風暴與雷電。面對無論如何都想獲勝的挑戰，可向宙斯借力。此外宙斯會化身不同形態與眾多女神或人類歡好，是好色之神。一直與戀愛無緣的人可觀想宙斯的樣子入睡，很快便能遇上閃電般的戀愛。此神的象徵物有雷、鷲、天鵝、木星。

祈願 幸運

赫拉

想擁有幸福的婚姻…

宙斯的正妻女神赫拉。對於男女不拘的外遇常客——宙斯而言，赫拉是唯一與他地位對等並正式擁有婚姻關係的女神。若強烈渴望結婚，務必向這位女神祈求。為另一半外遇煩惱的人也可向女神借力。可把女神的象徵物放在家裡作為貢品。女神的象徵物有牛奶、百合、蘋果、髮飾。

祈願 結婚

雅典娜

在商場上獲得勝利

身穿盔甲，從宙斯額頭誕生，力量不亞於男人的女神。面對商場上必勝的挑戰時可向雅典娜借力。此外女神也喜好音樂、並傳授織布與冶金技術，是「理想的希臘女性」代表。希望讓技術更上層樓，或開始學習新事物可向雅典娜祈禱，便能讓一切快速上手。女神的象徵物有貓頭鷹、筆、橄欖。

祈願 讀書與工作

阿波羅

如太陽一般健壯的身體

與月神阿提米絲是雙胞胎姊弟。形象大多是俊美光彩的青年，是太陽神的代名詞。是音樂與歷史之神，同時也擅長射箭，名副其實的「文武雙全」之神。從事運動或藝術相關工作的人可向阿波羅祈禱。渴望身心健康且精力充沛，可一邊沐浴在陽光中，一邊觀想太陽神的形象。阿波羅的象徵物有月桂樹、弓箭、太陽。

祈願 美麗與健康

艾芙洛蒂

為人生帶來美、喜悅與愛

從浪花中誕生的愛與美女神。讓眾神為之傾倒並遊戲在多場自由戀愛之間。與戀愛無緣的人，或生命中已經沒感動和喜悅的人得趕緊向女神祈禱。擺設女神的象徵物，並想像自己成為艾芙洛蒂優雅地生活，自然而然會愈來愈有魅力。女神的象徵物有玫瑰、泡泡、蘋果、金星。

祈願 戀愛

阿雷斯

戰神之力帶來絕不退縮的強勁

戰神阿雷斯是宙斯與其正妻赫拉的兒子，別名為瑪爾斯。擁有年輕健壯的體魄，好戰且全力衝刺，面對強敵也不退縮的勇猛。當你承受巨大的壓力時，祂能給你支持。觀想阿雷斯的象徵色——紅色，並唱頌祂的名字。可祈求考試及格或事業出人頭地。阿雷斯的象徵物有鐵製品、火星。

祈願 競爭

阿提米絲

孕婦、孩童，守護生產的月亮女神

太陽神阿波羅的雙胞胎姊姊，月亮女神。是年輕美貌的處女神，同時也身為豐饒女神而備受崇拜。掌管女性生產，能保佑產婦的安全以及兒童的幸福。阿提米絲擅長射箭，與同樣擅長打獵的俄里翁是對戀人。向守護月亮的阿提米絲借力能招來好的緣分。女神的象徵物有月亮、弓箭、鹿。

祈願 結婚

狄蜜特

家庭和諧的守護神

豐饒女神掌管穀物等一切大地所孕育的生命。相傳冬日大地乾枯是因愛女普西芬妮遭冥王黑帝斯擄走，無法與愛女相見使女神痛不欲生。象徵強大的母性，家庭相關的問題可向狄蜜特祈禱，或是食用女神的象徵物，如麵包。其他象徵物還有麥穗、玉米片、豬肉。

祈願 人際

赫菲斯托斯

如工匠般扎實地自我鍛鍊

是火山的擬人化神祇，掌管火焰與鍛冶。與戰神阿雷斯如同兄弟。他常在昏暗工坊如工匠般鑄造金屬道具，並與愛與美女神艾芙洛蒂結婚。努力踏實的赫菲斯托斯是所有想提升技術之人的守護神。那些三分鐘熱度的人想成「大器」，赫菲斯托斯會給予支持。象徵物是貴金屬、帽子、槌子。

祈願 讀書與工作

赫密士

讓所有談判順利進行

宙斯的么子，喜好惡作劇的淘氣鬼。掌管智慧與溝通，作為神的使者專司人間仲裁和解決問題。不單只是學習方面，也是資訊處理、商業、旅行的神祇

祈願 讀書與工作

波賽頓

提高賭運

海洋與泉水的守護神。手持的三叉杖若刺入地面，大地會裂開並噴出泉水，擁有與宙斯匹敵的力量。競賽、讀書、工作相關都可向祂祈禱。由於他駕著兩匹美麗的馬巡視海洋，常與馬連結又被視為賽馬之神。賭局中需要好運可呼喚祂的名字。象徵物有海洋、馬、海豚。

祈願 金錢

克洛諾斯

讓「時間」變得有利

眾神之父、天空之神烏拉諾斯的兒子，宙斯的父親，手持可劈開萬物的大鐮刀，掌管大地與農耕。因為與土星相關，所以也是時間之神。現在、過去、未來只要與時間相關的魔法都可向克洛諾斯祈禱。有想堅持下去的事亦可向祂祈禱。象徵物有農耕用具、時鐘、土星。

祈願 生活模式

赫斯提亞

讓做家事變得療癒

克洛諾斯的女兒，守護火焰的爐灶女神，灶是指家中靜靜燃燒的火爐，也是房屋與家庭的守護神，以及食物豐盛的女神。在家庭和諧、安定心神與安穩生活方面發揮力量。希望家人身體健康、生活安穩可向女神借力。做家事前向祂祈禱會有好運。象徵物有廚房、火焰、面紗。

祈願 幸運

普西芬妮

在變動中保有自我

狄蜜特的愛女，讓春天造訪大地的女神。被冥王黑帝斯帶走後成為其妻。因食用冥界的石榴，一年只有三分之二的時間在地面，唯有在她回歸地面之時春天才會造訪。掌握蛻變的女神，因環境的變化感到不安時，或希望自己徹底蛻變，可向女神祈禱。象徵物是石榴。

祈願 生活模式

摩伊拉

掌管人間的「命運」之事

希臘神話中的「命運三女神」。操作著命運的紡織車，代表人間的命數，以剪刀切斷則代表壽命的終結。連宙斯都無法違逆女神的決定。當你在逆境之中，所有事物都與你的心意背道而馳，向女神祈禱，來改變命運。象徵物有絲線、剪刀、尺規。

祈願 除魔

繆思

所有藝術的守護神

藝術與文學女神的總稱。是「Music（音樂）」、「Museum（美術館）」的語源。侍奉音樂之神阿波羅，為眾神獻唱與吟詩。象徵音樂、文學、哲學等知性活動。當創作陷入瓶頸、希望進步，或開發出更好的才能，可呼喚女神的名字。象徵物有樂器、書籍、筆。

祈願 生活模式

尼姬

帶來勝利之風的雙翼女神

展開雙翼的勝利女神，侍奉戰爭女神雅典娜。作為眾神的使者頒布勝利的榮耀給贏家。象徵勝利與榮譽，能在所有競爭中給予力量。希望在競賽或比試中得第一，想要勝出都可向女神祈求。象徵物有翅膀、鞋子、椰棗。

祈願 競爭

黑卡蒂

占卜師與巫師的守護神

掌管魔法的黑夜女神。在子夜時分牽著狗在三叉路和十字路現身。帶著神祕氣氛，有宙斯給的特別權限，能授予人類成功與幸福。想獲得更好的直覺與靈感力可向女神祈求。尤其是以魔法為業之人特別需要向該女神祈禱，以防止著魔。象徵物有月亮、狗。

祈願 生活模式

厄洛斯

想談戀愛，請祂放箭

喜愛亂點鴛鴦譜的愛神，女神艾芙洛蒂的兒子，經常被描繪成帶著翅膀的幼童形象。被黃金箭射中的人會陷入熾熱的戀愛，反之被鉛箭射中的人會討厭對方。渴望邂逅好的姻緣或得到意中人的心，呼喚厄洛斯的名字並向祂禱告。象徵物有弓箭、火把、羽毛。

祈願 戀愛

戴歐尼修斯

帶來豐盛的酒神

宙斯與賽墨勒公主的兒子。受天后赫拉的追擊，因赫密士的庇護得以長大成人，四處流浪。與天神阿波羅相對的地神，也是葡萄酒神。期待成果，想要豐盛的報酬，想存錢等希望事物有「結果」的時候，可向該神借力。象徵物有葡萄、酒。可一邊喝酒一邊向戴歐尼修斯祈禱。

祈願 金錢

Angels

❧ 天使 ❦

在困難的時刻，向天使祈求！

常在西洋繪畫中出現的美麗天使們。Angel的語源來自希臘語「angelos（傳令）」，是傾聽人類願望再向天神傳達的使者。幫助人類是天使的使命，因此儘管向天使「求助」或許願！

天使界有層級劃分，各自有不同管轄範圍。找出能協助你的天使，呼喚祂的名字，一定能感受到一股安定的力量。

【使用範例】

❋ 呼請：「偉大的天使OOO，請協助我」

❋ 默唸天使的名字

❋ 使用天使相關的物件施法

米迦勒

給予擊敗軟弱的力量

米迦勒是天使中階級最高的天使長。擁有高尚的情操，擊敗企圖反叛的墮天使撒旦，將祂趕出天堂。以天秤審視死人的靈魂，決定其後的命運。覺得快被軟弱擊敗，在心中描繪米迦勒的形象，想像祂如何拿著天秤，是什麼樣的表情。相關的物品有劍、天秤。

祈願 生活模式

加百列

打破僵局

負責將神的意志傳達給人，掌管夢與幻覺。相傳加百列將在末日審判吹響號角，喚醒死者。在事情陷入僵局時，呼喚加百列的名字，必定能獲得解決辦法。多半描繪為女性的形象，並以告知聖母瑪利亞基督受胎聞名。可祈求懷孕。相關物品有百合、號角。

祈願 幸運

拉斐爾

帶走痛苦的療癒天使

拉斐爾是助人且溫柔的守護天使。相傳有強大的治癒能力，能紓解所有的疼痛。身體感到疼痛時都可呼喚這位天使的名字。能促使精神成長給予支持，從過去的失敗中重新站起，再次向目標前進。相關物品有藥品、水。

祈願 美麗與健康

烏列爾

傳達重要的事

掌管地震、火山、風暴等自然現象，並支配太陽的運行。以告知諾亞方舟的建造聞名，向人類傳達預言的天使。與溝通相關的願望可向烏列爾求助。無法順利表達時，心中默念天使的名字，必定能暢所欲言。從事「教學」相關工作的人能向烏列爾求得庇佑。相關物品有劍、盾。

祈願 人際

梅塔特隆

有助「記錄」與「記憶」相關作業

記錄天界與地界所有事情，是神的文書記錄，是天堂的書記官。擁有巨大的身體，相傳神看中聰明的以諾讓他升天成為天使梅塔特隆。處理知性的工作或寫文章的時候，呼喚梅塔特隆的名字，一定能精確使用文字。相關物品有書、筆記用品。

祈願　讀書與工作

拉結爾

幫助學習的天使

拉結爾的意思是「神的奧祕」，掌管智慧的守護天使。能洞察天界與地界所有見聞，對被放逐的亞當感到同情而授予他記載宇宙奧祕的書。希望成績變好，周遭的人給予正面評價，可向這位天使祈禱。尤其是心理相關領域、神祕學領域的知識以及技術學習，拉結爾都會給予協助。相關物品有魔法書、奧祕書籍。

祈願　讀書與工作

拉貴爾

不隨波逐流的強大意志

負責監管其他天使的行動，意思是「神的朋友」。祂監視那些被誘惑而成為墮天使的多數天使，因此有異常強大的意志力與耐力。希望自己不被誘惑或隨波逐流，想貫徹意志時，在心中強烈呼喚拉貴爾的名字。相關物品有聖經、筆記用品。

祈願　生活模式

沙利葉

避開邪眼的強大守護

沙利葉的意思是「神的命令」，監視人類是否犯錯。寫有沙利葉名字的護身符能「避開邪眼」有強大除魔力量。當內心感到不安，覺得被誘惑時都可以呼喚這位天使的名字，就能找回平靜的心。這位天使也與月亮相關，可以凝視著月亮呼喚祂的名字。相關物品有鑰匙、月亮。

祈願　除魔

雷米爾

看見未來的藍圖

最後審判來臨前守護沉睡在土地中的亡者靈魂。讓人類看見幻影，以傳達神的訊息，以及未來會發生的事。心中若有無法說出口的祕密，向雷米爾祈禱就能自然而然讓別人發現。想知道未來的事或者得到好的靈感都可向這位天使借力。相關物品有土、雷。

祈願 幸運

智天使

不被他人所惑的堅定

智天使的意思是「仲裁者」。在伊甸園的東門，手持火焰劍擔任守衛。有人際關係的煩惱時可向這位天使請求協助，特別是進退兩難時候，或是受到討厭的人擺布又無法說「NO」的時候。智天使與「車輪」相關，可在交通行進間呼喚祂的名字。相關物品有閃電。

祈願 人際

熾天使

溫柔對待自己與他人

莊嚴的熾天使名字來自「熊熊燃燒」與「蛇」的意思。祂對神的愛如烈火般熊熊燃燒，在天堂來回穿梭宛如一條蛇。愛情相關的願望可向熾天使祈求。除此之外，希望人際友善，更愛自己，也可呼喚熾天使，才能說出心裡話，喚醒愛。相關物品有火焰、扇子、旗子。

祈願 戀愛

座天使

向目標勇往直前

座天使被視為「正義天使」。與智天使共同擔任搬運上帝寶座的任務。形象是被火焰包裹的車輪。授予人類默默達成使命的意志力，因此覺得無法專注，想要半途而廢的時候，呼喚座天使。祂能協助你奮發向前，往目標邁進。相關物品有車輪、戰車。

祈願 讀書與工作

Fairys & Mythical Beasts

❧ 精靈・聖獸 ❧

無所不在的神祕朋友

至今你依舊能在妖精之國愛爾蘭的路邊看到「小心妖精出沒！」的道路標示。精靈無所不在，在花朵上，在草的影子裡，在樹上，或乘著風。祂們喜愛惡作劇，但絕沒有惡意，不時還會溫柔地幫助人類。在世界各國的傳說中有不少幻想生物。

本章節會介紹各種精靈和神話中出現的聖獸。有任何煩惱可以在心裡與祂們對話，必定能得到有趣的答案。

【使用範例】

❋ 觀想精靈的樣子
❋ 在心中與精靈對話
❋ 用精靈喜歡的東西召喚祂們

獨角獸
傳遞純真訊息的獨角獸

英語為unicorn，一隻角從額前突出，形體似馬的聖獸。傳說起源自印度和衣索比亞，相傳誕生於月亮山。性情暴烈，被處女輕撫會變得溫和。象徵處女的純潔。希望想法更純潔可觀想獨角獸。

祈願 戀愛

小精靈(elf)
導入自然的能量

小精靈生長在北歐，小小的身體充滿魔力。分為善良的光精靈以及讓人類做噩夢的闇精靈兩種。傳說精靈若被鐵器打中會生病或受傷。感受光精靈的能量身心都會變得健康。

祈願 美麗與健康

西爾芙·風精
授予美好的藝術品味

操控風的四大元素精靈之一，別名西爾菲德。被描繪成中性或是纖細的女性樣貌，個子嬌小的精靈或妖精，在許多詩歌與舞蹈等藝術作品中出現。希望有敏銳的靈感與直覺，或想提高感受力，風精能為你帶來創意與藝術品味。

祈願 生活模式

龍
代表必須跨越的高牆、混沌的象徵

四元素精靈沙羅曼達的一種。全世界的傳說都有「擊退惡龍」的故事，龍通常守衛著某些東西（寶物或公主），而人為了獲得寶物而戰。換言之，即是跨越混沌與黑暗的高牆。只要觀想龍的形象，便可得到精神的成長。

祈願 生活模式

半人馬
授予智慧和頭腦清晰的智者

源自希臘神話，半人半馬融合的聖獸。傳授智慧給多位英雄人物的智者，亦有好色與野性的一面。讀書、工作以及資格考試等知識相關的願望可向半人馬請求協助。

祈願 讀書與工作

溫蒂妮‧水精
幫助戀愛中的人們

掌管水元素的四大元素精靈之一。以女性的樣貌現身，以泉水或湖水為住處。不少傳說提到溫蒂妮若與人類男子結婚便能獲得靈魂。深知戀愛痛苦的水精靈將成為你戀愛問題的得力助手。

祈願 戀愛

皮克西‧地精
給予行動力的土地精靈

掌管土元素的四大元素精靈之一。別名：Gnome。以老人的形象出現，以地底與洞穴為居所。知性且有靈巧的雙手，擅長製作工藝品。工作時想像皮克西在身邊，就能減少偷懶和半途而廢的情形，熱中於工作和學業。

祈願 讀書與工作

海妖
虜獲異性的性感魅力

出現在希臘神話的妖怪，上半身為女性、下半身是海鳥的姿態。居住在西方的島嶼，以歌聲迷惑水手使船發生船難。水妖靈羅蕾萊也是海妖的一種。想提升魅力吸引異性，可觀想海妖的樣子。

祈願 戀愛

洞穴巨人
快速累積財富

起源自北歐神話。擁有毛茸茸巨大身軀，部分傳說認為是小妖精。以洞窟和小屋為居所，喜歡自釀各種混合酒類。象徵富裕與財產，會賜予喜歡的人幸福。希望好運降臨，請向洞穴巨人獻上一杯酒。

祈願 金錢

喀邁拉
給予天外飛來的靈感

希臘神話中出現的怪物。擁有獅子的頭，山羊的身體，巨蛇的尾巴，嘴巴噴出火焰。奇特的形象能激發豐富的創造力、靈感與感受力。同時也代表戀愛的衝動，並給予戀愛的勇氣。

祈願 讀書與工作

地獄三頭犬
嚴密監視地獄之門的看門狗

守衛著冥王黑帝斯統治的地府之門。擁有三個頭與蛇的尾巴，會毫不留情地襲擊闖入地界的人，聽到音樂會入睡。觀想嚴謹的地獄三頭犬，可以斬斷自己天真的想法，使自己具備實踐力與意志力。

祈願 生活模式

魔像
避開邪靈的不動怪物

猶太教傳說裡，由人所製成的巨大怪物。意思是「沒有生命的土塊」，額頭貼著寫有Emeth（真理）的符咒，對主人忠心耿耿。只要頭上的字消失就會死去，變回原來的泥塊。畫成圖像當作護身符能去除厄運與不幸。

祈願 除魔

火鳳凰
不斷重生的意志力

擁有金色與紅色的羽毛，形似鷲，不斷地死亡與重生。壽命將盡時會飛入火中，並從灰燼中重生，又叫不死鳥或火鳥。象徵宇宙的再生與循環，以及靈魂的救贖。除了能達成願望，也能磨礪精神力。

祈願　幸運

矮靈
用矮靈的魔法強化咒語

北歐神話中黑暗精靈指的就是矮靈。住在洞穴或黑暗的森林中，能將金屬加工成有魔力的工藝品，擁有魔法戒指、斗篷和帽子。向矮靈許願可為魔法道具注入魔力，並強化牠的力量。

祈願　幸運

風茄
帶來美與健康的藥草

從土中拔出會發出淒厲尖叫的玄奇植物。形似人身，傳說白色為公，黑色為母的半人植物。原本是藥材，同時能用來施魔法。希望身體健康或有美麗的肌膚，可以試著把蔬菜切成風茄的形狀。

祈願　美麗與健康

彌諾陶洛斯
逃出煩惱的迷宮

出現在希臘神話。因海神波賽頓的詛咒而生的半人半牛怪物。被禁錮在無法逃出的克里特島迷宮中，以獻祭為食，最後被特修斯擊敗。想打破藩籬，超越限制時彌諾陶洛斯會給予勇氣。

祈願　競爭

哥布林
幫助你提升魅力的妖精

源自歐洲的地方傳說。身高只到膝蓋的土
地妖精，又稱為狗頭人（kobold）。住在
人類家中，會隱藏東西或發出聲響的搗蛋
鬼，有時會送禮物給兒童。想成為朋友間
特別的存在，又讓人覺得親切，可以想像
哥布林的樣子。

祈願 人際

長靴貓
談判交涉交給長靴貓

愛爾蘭廣為流傳的貓精。平時作為家貓與人
生活在一起，其實會說人話並用兩隻腳走
路。貓國王若死去，為了決定下一任國王人
選，長靴貓會消失一陣子。想提升溝通能
力，讓談判交涉成功，可向長靴貓求助。

祈願 人際

獅鷲
保衛智識與財產

原生於印度的智慧聖鳥。鷲（天空）與獅
子（土地）的結合體，代表太陽因此也成
為皇家象徵，常使用在徽章圖像。擔任黃
金與財寶的看守者。同時也象徵知識與智
慧，帶來將「知性」換成財富的機會。

祈願 金錢

佩加索斯
啟動直覺的天馬

雙翼白馬。怪物美杜莎頭首分家，而祂從噴
出的血液中誕生。知性且充滿智慧，常現身
於山泉與噴泉地，是泉源之神。為人帶來如
泉水般湧現的靈感、智識、想像力和直覺。
也是不死的象徵，可祈求健康與青春。

祈願 美麗與健康

原創魔法配方

祈願1 明天有重要考試！ 怎麼考個好成績？

　　動作「吃（P140）」有「汲取食材能量的作用」，因此我們以烹飪作為魔法基礎。使用「5（P115）」的力量增加知識，選擇五種食材。首先加入提高專注力的「高麗菜（P056）」，以及讓競爭運更好的「月桂葉（P052）」和「大蒜（P053）」，再加入少許除魔功能的「豆子（P059）」、「黑胡椒（P050）」，製成湯品。如此一來「考試必勝！五行魔法湯」就完成了！

祈願2 提升魅力招來正緣

　　讓我們從「祈願類別INDEX（P188）」的【戀愛】類別中找出各種相關的物件。

　　首先在下「雨（P084）」的「星期五（P123）」買「小蒼蘭（P044）」裝飾在家裡。再來準備擺上「薄荷（P050）」葉的「香草（P052）」冰淇淋。一邊唱頌：「偉大的厄洛斯（P173）啊，請賜福予我」，一邊用「巧克力（P056）」在冰淇淋上畫「天箭座（P105）」的符號。一口一口品嘗，慢慢地「吃（P140）」掉做好的冰淇淋。如此戀愛的能量便會流進你的體內，展開一段浪漫的愛情。

祈願3 戰勝人際紛爭！

　　準備一顆新的「肥皂（P133）」，用「別針（P130）」刻上「達耶格（P158）」的如恩文。完成後對著肥皂唱頌：「切斷我與○○○的連結如消失的肥皂一般，So mote It be!（P165）」。每天使用這塊肥皂「清洗（P138）」身體，直到它消失不見，隨著肥皂慢慢變小，你心中那個人的影響也會愈來愈小。最後把「撲克牌（P135）」的「梅花（P119）9（P116）」作為護身符隨身攜帶，就能不被人言擊倒。

運用介紹過的所有物件創作魔法配方吧。
以直覺挑選「最想用」的物件。
把這些組合在一起，就是屬於你的原創魔法！

祈願1 丟掉自卑感，自我蛻變

　　購買促進改變「康乃馨（P040）」裝飾在家裡，另外準備「白色（P111）」的紙和「筆（P135）」。閉上眼睛「深呼吸（P141）」，想像自己在森林深處漫步，「地獄三頭犬（P181）」看守著與外界連結的入口。向祂提出問題：「地獄三頭犬請告訴我，該如何改變自己？」將得到的答案以直覺「書寫（P140）」在紙上。這個答案就是你邁向幸福的解答。

祈願5 無論如何想變得幸運！

　　首先用「手指（P145）」在空中畫出「獵戶座（P104）」的符號。感受全知全能之神「宙斯（P169）」的力量，向祂「祈禱（P139）」：「偉大的宙斯，請賜福與我。」同時「觀想（P140）」希望獲得的東西與場景。依據「行星時刻表（P124）」來看，這個魔法在星期四的日出時分施作效力倍增。讓這個儀式成為習慣，什麼情況都能充滿自信，自然而然就會有幸運造訪。

祈願6 想變得有錢！

　　「新月（P087）」是金錢所喜歡的日子。用「筆（P135）寫（P140）」下想要的東西名稱，就有機會在近日獲得它。這天也非常適合存錢。反之「滿月（P087）」日容易有購物衝動，錢會不斷流失。將「盤子（P132）」舉向天空，讓它「遮蔽（P139）」月亮，口唸「Zara（P166）」咒語。對金錢與物質的強烈欲望會被抑制，最終把錢存下來。

後序

給踏上「巫師」之路的你…

感覺如何呢？

本書所介紹的魔法知識是否為你的日常生活帶來一些神奇魔力呢？

就像我所說過的一樣，魔法的世界其實相當多元。

有些魔法像最前面舉的那個「痛痛飛走了」一樣簡單又溫和，也有些魔法難度極高，能探知宇宙的祕密。如16世紀伊莉莎白女王的顧問，大學者約翰‧迪伊所研究的魔法。

而本書所舉的魔法，並不那麼高深，幾乎都是能在日常生活中取得的物件，是相當平易近人的類型。

一般人以為魔法與現實是截然不同的兩個世界。

但真的是這樣嗎？當一個人為了表達心意小心翼翼為禮物打上緞帶，就是一種繩子魔法（Cord magic）。吹熄慶祝新年以及生日蛋糕上的蠟燭，我們稱為蠟燭魔

法。這些無非都是向常存於環境的靈性（氣、或是精靈）敞開心房。

　　無論是顏色、數字、食物、語言、動作、行星和時間……。

　　若能把日常生活常見的物件作為魔法運用的媒介，那麼我們的生活就能更多彩多姿。

　　這本書的作用在找回我們童年都曾感受過的魔法感官。這是我為本書所下的魔法。

　　本書在製作上受到許多魔法的協助，包括企劃者，純真的大木涼夫先生，編輯，構成文字的說話社山田奈緒子小姐與井上一樹先生，以及另一名文字編輯酒井美文小姐。非常感謝他們。

　　我也非常感謝本書的讀者，以及構成這世界的所有靈性。

祈願類別 INDEX ✒

鏡龍司
(かがみ・りゅうじ)

Profile ● 心理占星研究者、翻譯。1968年京都府生。國際基督教大學研究所畢。英國占星術協會會員。著作有《塔羅占卜超上手圖解攻略》、《女巫入門》，譯作有《榮格與占星》(青土社)等。

http://ryuji.tv/

【參考文獻】

『英語 迷信・俗信事典』I.オウビー／M.テイタム編 山形和美監訳 荒木正純ほか訳(大修館書店)、『花の神話』秦 寬博著(新紀元社)、『日本ハーブ図鑑』山岸 喬著(家の光協会)、『花を愉しむ事典』J.アディソン著 楠口康夫／生田省悟訳、『花のいろいろ──四季を楽しむ12カ月の花ごよみ』金田洋一郎／金田初代著(実業之日本社)、『花の神話と伝説』C.Mスキナー著 垂水雄二／福屋正修訳(八坂書房)、『マジカルフードブック』スコット・カニンガム著 吉田倭子訳(日本ヴォーグ社)、『西洋中世ハーブ辞典』マーガレット.B.フリーマン著 遠山茂樹訳(八坂書房)、『ニューハーブバイブル』C.フォリー／J.ナイス 林真一郎監修(産調出版)、『樹木の伝説』秦 寬博著(新紀元社)、『木のヒーリング』パトリス・ブーシャルドン著 今井由美子訳(産調出版)、『ケルト 木の占い』マイケル・ヴェスコーリ著 豊田治美訳(NTT出版)、『アニマルスピーク』テッド・アンドリューズ著 永井二菜訳(パンローリング)、『ビジュアル版 ギリシア神話物語』楠見千鶴子著(講談社)、『ギリシアの神々』アンドレ・ボナール著 戸張智雄／戸張規子訳(人文書院)、『北欧神話物語』K.クロスリィ・ホランド 山室静／米原まり子訳(青土社)、『MAGIC WORDS』クレイグ・コンリー著(WEISER BOOKS)、『Truth In Fantasy17 天使』真野隆也著(新紀元社)、『ヨーロッパの図像 神話・伝説とおとぎ話』海野弘解説・監修(PIE)、『幻獣辞典』ホルヘ・ルイス・ボルヘス著 柳瀬尚紀訳(河出文庫)、『世界の妖精・妖怪事典』キャロル・ローズ 松村一男監訳(原書房)ほか

【注意事項】

出　　　版／楓樹林出版事業有限公司
地　　　址／新北市板橋區信義路163巷3號10樓
郵 政 劃 撥／19907596 楓書坊文化出版社
網　　　址／www.maplebook.com.tw
電　　　話／02-2957-6096
傳　　　真／02-2957-6435
作　　　者／鏡龍司
翻　　　譯／葉雅婷
企 劃 編 輯／陳依萱
校　　　對／謝惠鈴
港澳經銷／泛華發行代理有限公司
定　　　價／350元
出版日期／2020年2月

STAFF

插畫　　　　　DONA
本文　　　　　江原レン
藝術指導　　　[株式会社 mashroom design]
本文設計　　　高本由美
　　　　　　　[株式会社 mashroom design]
DTP　　　　　株式会社アル・ヒラヤマ
編集製作　　　山田奈緒子、井上一樹
　　　　　　　[株式会社説話社]、酒井美文

國家圖書館出版品預行編目資料

魔法教科書／鏡龍司作；葉雅婷翻譯.
-- 初版. -- 新北市：楓樹林，2020.02
面；　公分

ISBN 978-957-9501-58-3 (平裝)

1. 巫術

295　　　　　　　　　　108020234